CW01373220

O Conflicto entre Dois REINOS
O Manual Completo da Oração e Intercessão

Angela Strong

WESTBOW
PRESS®
A DIVISION OF THOMAS NELSON
& ZONDERVAN

Derechos reservados © 2020 Angela Strong.

Todos los derechos reservados. Ninguna parte de este libro puede ser reproducida por cualquier medio, gráfico, electrónico o mecánico, incluyendo fotocopias, grabación o por cualquier sistema de almacenamiento y recuperación de información sin el permiso por escrito del editor excepto en el caso de citas breves en artículos y reseñas críticas.

Este libro es una obra de no ficción. A menos que se indique lo contrario, el autor y el editor no hacen ninguna garantía explícita en cuanto a la exactitud de la información contenida en este libro y en algunos casos, los nombres de personas y lugares se han modificado para proteger su privacidad.

Puede hacer pedidos de libros de WestBow Press en librerías o poniéndose en contacto con:

WestBow Press
A Division of Thomas Nelson & Zondervan
1663 Liberty Drive
Bloomington, IN 47403
www.westbowpress.com
844-714-3454

Debido a la naturaleza dinámica de Internet, cualquier dirección web o enlace contenido en este libro puede haber cambiado desde su publicación y puede que ya no sea válido. Las opiniones expresadas en esta obra son exclusivamente del autor y no reflejan necesariamente las opiniones del editor quien, por este medio, renuncia a cualquier responsabilidad sobre ellas.

Scripture taken from the Reina Valera 1960. El texto Biblico ha sido tomado de la version Reina-Valera © 1960 Sociedades Biblicas en America Latina ; © renovado 1988 Sociedades Biblicas Unidas. Utilizado con permiso.

ISBN: 978-1-6642-0913-8 (sc)
ISBN: 978-1-6642-0914-5 (hc)
ISBN: 978-1-6642-0912-1 (e)

Número de Control de la Biblioteca del Congreso: 2020920293

Las personas que aparecen en las imágenes de archivo proporcionadas por Getty Images son modelos. Este tipo de imágenes se utilizan únicamente con fines ilustrativos.
Ciertas imágenes de archivo © Getty Images.

Información sobre impresión disponible en la última página.

Fecha de revisión de WestBow Press: 10/21/2020

CONTENTS

Prefácio ix
Prólogo xi
Dedicatória xv
Introdução xvii

Poder E Domínio 1
Testemunhas Fiéis 5
Como Lidar Com Os Rótulos Do Passado 9
Por Que O Inimigo Ataca Nossa Prosperidade 12
O Porquê Das Tentações Do Inimigo 14
O Conhecimento De Nossa Identidade 17
Reafirmação De Nossa Identidade 19
Cidadãos De Um Novo Reino 25
Mudança De Perspectiva 28
Poder 31
Assumir O Compromisso 33
O Perfil Do Mestre 36
Por Que Pedimos E Não Recebemos 41
Quando Alteramos A Ordem Estabelecida 46
A Falta De Comprometimento 48
Quando Operamos Sob Círculos De Maldições ... 50
Orações Motivadas Pelas Razões Erradas 52
O Uso Incorreto Das Armas Espirituais 54

Como Orar Corretamente 55
Oração 58
O Intercessor 59
O Que É Ser Um Verdadeiro Intercessor 60
Tipos De Oração 62
Aprenda A Exercer Autoridade Sobre O Reino Das Trevas 66
Mudar A Forma Como Falamos 71
A Intercessão Profética 74
A Oração Apelativa. Deus Como Juiz 77
Você Pode Apresentar Uma Apelação Do Seu Caso
  Junto A Deus 80
A Oração Silenciosa 82
Orar Em Espírito 84
Estratégias De Guerra 88
O Louvor E A Adoração Como Estratégias De Guerra 91
Por Que Devemos Louvar E Adorar Antes De Intercedermos 93
Ação De Graças Como Uma Arma De Guerra Espiritual 96
Jejum 101
O Jejum Como Uma Arma De Guerra Espiritual 104
A Palavra Decretada Como Uma Arma De Guerra 107
A Palavra Profética Decretada Para Produzir Uma
  Transformação Ou Virada 109
Oração De Bênção Ou Bênção Profética 111
Oração De Concerto 114
Oração De Renúncia 118
Os Espíritos De Iniquidade 121
Orações De Renúncia, Quebra De Maldições
  Hereditárias E Herança De Iniquidade 123
Aprenda A Operar As Armas De Guerra 131
"Demanda Terapêutica" 136
Todo Intercessor Tem Sua Atribuição 138

Aprenda A Profetizar	141
O Papel Do Espírito Santo Na Intercessão	148
Funções Do Espírito Santo	150
Por Que Precisamos Permitir Ao Espiríto Santo Operar Em Nossas Vidas?	153
O Papel Do Espírito Santo Na Libertação	156
Perdão	157
Amar Aos Nossos Inimigos	159
Os Inimigos Nos Fazem Descobrir Nosso Potencial	162
A Descoberta De Nosso Potencial	164
O Apreço Pelo Processo	165
Os Inimigos Nos Forçam A Tomar Decisões	167
Os Inimigos Te Aproximam Do Teu Destino	169
Deus Está A Te Posicionar	172
O Porquê Da Longa Espera	174
O Medo	177
Por Que O Reino Das Trevas Utiliza O Medo	178
O Medo Nos Enfraquece	180
O Medo Nos Limita	181
O Medo Se Expressa Em Alta Voz	183
Contra-Atacar!	185
O Lugar Secreto	188
A Importância De Um Lugar Secreto	190
Do Espírito Para O Espírito	192
O Processo De Treinamento	194
O Uso Adequado De Nossa Autoridade	200
Tornar-Se Um Modelo Perfeito	202
Referências Bibliográficas	211

PREFÁCIO

Grande alegria é para mim que você tenha escolhido ser parte desta transformadora experiência que por certo lhe enriquecerá.

Se o que você busca é elevar seu relacionamento com Deus a outro estágio, aquele que te fará descobrir sua verdadeira identidade como um filho ou filha do Pai e a aprender como orar de maneira eficaz ou ter as respostas de suas orações sempre que apresentar suas súplicas diante de Deus, então você fez a escolha certa.

Meu objetivo é que cada pessoa descubra o propósito e potencial divino que se encontra em cada um de nós. Que cada crente saiba de que maneira deverá desempenhar suas funções e viver na dimensão do poder e autoridade que Deus colocou em seu povo.

Este livro, além de uma ferramenta prática, é um manual completo, concebido para conduzir o crente passo-a-passo pelo processo de descoberta de seu lugar no Reino de Deus, para que tenha o conhecimento das leis e princípios que governam nosso Reino e de que maneira operar nele.

A revelação encontrada neste livro fará você descobrir os princípios norteadores da oração e intercessão, não revelados até o momento; assim como as razões pelas quais oramos e não obtemos as respostas.

Você também encontrará os diferentes tipos de orações existentes que podem ser endereçadas a Deus e a importância de utilizarmos a oração certa de acordo com a situação com a qual nos confrontamos, a área na qual estamos sob ataque e a dimensão e intensidade deste ataque.

Este material é um manual e um guia completo de intercessão, que não trará apenas luz e respostas para muitas perguntas que surgem na vida do crente ao longo da caminhada com Deus, mas também o poder e a capacitação para suas vidas como nunca antes, nas áreas de intercessão profética, guerra espiritual, libertação, estratégias de guerra espiritual, quebra dos ciclos de maldição, além de vários outros tópicos.

Convido você a entrar comigo na presença de Deus para que assim experimentemos o poder transformador de sua Palavra.

PRÓLOGO

Assim como muitos de vocês, no fim de cada ano, geralmente faço minhas resoluções de ano novo para as coisas que desejo realizar.

No final de 2009, decidi fazer o que sempre fizera nos fins de ano; uma lista de metas para o ano seguinte. A única diferença é que naquela ocasião, minha longa lista de resoluções fora reduzida a apenas uma meta.

Aquele era um objetivo incomum e único, em comparação a tudo que estava acostumada a planejar em anos anteriores. A única coisa que escrevi em minha folha de resoluções foi: *para o ano de 2010, desejo construir um relacionamento íntimo com o Espírito Santo!*

Foi aquela decisão que mudou minha vida! Apesar de ter nascido em um lar cristão, tudo que conhecia do Espírito Santo é que ele era a terceira pessoa da trindade. Por muitos anos achei que a **terceira** pessoa estava relacionada a uma posição hierárquica, que determinava seu poder, sua influência e importância na vida dos crentes. Aquele conceito errôneo sobre a pessoa do Espírito Santo me levou a pensar o que muitos crentes pensam; por que devo desenvolver um relacionamento pessoal com a terceira pessoa da trindade, quando poderia ter este mesmo relacionamento com a primeira e segunda pessoa?

Por muitos anos, meu objetivo limitara-se a ter apenas um relacionamento com Deus o Pai, ou Deus o Filho, e a presença do Espírito Santo fora anulada de minha vida.

O que eu não percebera é que seria impossível alcançar um relacionamento de intimidade com Deus, o Pai, se você não tivesse primeiro um relacionamento inicial com o Espírito Santo, pois é o Espírito Santo que nos revela o Pai.

Aquela decisão tomada no final de 2009 mudou completamente minha vida, assim como minha perspectiva de fé. E é por isso, que aproveito esta oportunidade para desmontar todos os esquemas e mudar a ordem das coisas. Em vez de apresentar um prólogo escrito para mim para este livro, farei então um prólogo para o Espírito Santo que é o verdadeiro protagonista desta história e aquele que realmente merece os créditos por este livro! Eu sou meramente uma de seus colaboradores.

Gostaria de apresentar aqui todas as honras ao Espírito Santo, por ser meu melhor amigo, meu mentor, e conselheiro, aquele que renova minhas forças, por ser meu guia e minha subsistência, aquele que revela os mistérios ocultos, e o que me guia em toda verdade e justiça.

Desejo render honras à sua presença em minha vida, por seu cuidado, sabedoria, sua direção e revelação. A ele toda honra por ser meu escudo protetor e meu defensor.

Porém, sobre todas as coisas, rendo-lhe honras pois embora ele seja tão santo decidiu habitar em mim e fazer de mim o seu templo. Estou certa de que cada verdade revelada pelo Espírito Santo neste livro está destinada a quebrar as cadeias que detiveram e impediram você de chegar ao seu destino.

A revolução, a grande virada que você tem esperado por anos será produzida em sua vida. As verdades aqui reveladas te libertarão, sua longa espera terminará e na medida em que o seu espírito se aprofundar neste material, o Espírito Santo trará a confirmação para tua vida. Você entrará no nível de autoridade, a plenitude e o domínio que o Pai planejou para você.

DEDICATÓRIA

Dedico este material a todos aqueles em cujos corações Deus colocou a necessidade de trabalhar na área de intercessão, mas que ainda não deram os passos neste sentido, por falta de orientação ou pela ausência de equipamentos espirituais adequados.

A todos aqueles que têm feito bom uso da oração por tantos anos, com base apenas no conhecimento limitado que têm tido até aqui, mas que ainda não viram a manifestação visível de suas petições.

Dedico este livro a todos aqueles que têm sentido em seu espírito, algo de mais profundo que as experiências que tiveram até agora em sua caminhada com Deus. Àqueles que têm desejado ardentemente serem guiados pelo Espírito Santo e que desejam trabalhar e operar em dimensões mais profundas da intercessão e da guerra espiritual.

Também dedico este livro a todos aqueles que estão cansados de trabalhar e operar sob os mesmos ciclos de opressão nos quais permaneceram estagnados por tantos anos. Pessoas que têm desejado com todo fervor produzir uma mudança radical em suas vidas, ministério ou nação e que desejam trazer os princípios e projetos do Reino de Deus para suas circunstâncias.

Finalmente, dedico este livro a todos os crentes que estão à espera do cumprimento das promessas de Deus em suas vidas.

INTRODUÇÃO

Nunca deixa de me surpreender o número de crentes que vivem submersos em uma vida de limitações, escassez, doença, opressão, medo, fraqueza e em comportamentos pecaminosos recorrentes etc.

Primeiro, por não terem ciência de suas identidades como filhos e filhas de Deus, a noção da devida posição que lhes concede a identidade como cidadãos deste Reino e, em segundo lugar, por desconhecerem a autoridade que possuem. A mesma autoridade com a qual foram devidamente capacitados através da conversão, quando aceitaram a Jesus Cristo em suas vidas e que lhes permite tornarem-se cidadãos do Reino de Deus!

Da mesma forma, considero alarmante perceber quantos cristãos são conhecedores das ofensas e pecados que podemos cometer como cidadãos do Reino de Deus, porém desconhecem todos os benefícios que oferece este mesmo Reino. Crentes que estão convencidos de que nossa missão como cristãos é apenas viver uma vida sem pecados, que lhes garantirá a salvação e acreditam que isso é tudo que precisam fazer para viverem vidas cristãs vitoriosas e que o cristianismo é sinônimo disso.

Na realidade, isto representa apenas uma parte de todo o esquema de regras e benefícios que abrangem o nosso Reino, o Reino de Deus.

O Cristianismo não é apenas um sistema limitado e monótono pelo qual devemos percorrer, no qual se acredita que para ter acesso à salvação, tudo a ser feito é evitar o pecado. O Reino de Deus é bem mais que isso!

Trata-se de um conjunto de princípios que devemos seguir como cidadãos deste Reino, mas é também através da obediência a esses princípios que recebemos acesso a muitos outros benefícios. Benefícios estes que muitos crentes conhecem plenamente.

Neste livro, falarei substancialmente sobre estes benefícios oferecidos pelo Reino de Deus, sobre como operar dentro de nossa autoridade através do aprendizado do uso das armas de guerra espiritual. Você também aprenderá como usar o poder que Deus tem disponibilizado, para que exercitemos a autoridade sobre o reino das trevas.

Meu objetivo é que cada leitor e leitora venham a conhecer o nível de autoridade que lhes tem sido concedido. De que maneira exercitar a autoridade sobre o reino das trevas; como utilizar as palavras para realizar um avanço, uma virada, uma revolução em nossas próprias vidas, assim como na vida dos outros, e como fazer o uso adequado das armas espirituais que estão à nossa disposição.

Em outras palavras, meu desejo é que cada crente venha a conhecer o poder que lhe tem sido concedido através da morte de Jesus na cruz e como fazer o uso adequado deste poder para trazer uma grande transformação, uma grande virada em nossas vidas, nossa nação, nosso casamento, nossas finanças, nosso ministério, etc.

É também o meu objetivo os fazer conhecedores de outros benefícios grandiosos que nos são concedidos por esta nova identidade como filhos e filhas de Deus, e co-herdeiros da promessa.

É bastante inquietante para mim, que apesar da oração ser a rota através da qual permitimos que Deus trabalhe na terra, muitos crentes não fazem o uso adequado de uma arma tão ponderosa como essa. Seja porque a vejam como uma prática monótona ou porque conhecem apenas dois tipos de orações: *oração de rendição e oração intercessória*. Na realidade, existe uma variedade de tipos de oração.

Outros crentes perdem o interesse no uso da oração por terem perdido a fé em sua eficácia, e a razão para terem perdido a fé em sua eficácia é por não terem visto quaisquer respostas às suas orações. A razão pela qual talvez não tenham observado quaisquer respostas é por fazerem uso de um tipo de oração que não corresponde às suas áreas de necessidades.

Em outras palavras, fazem uso de uma poderosa arma de guerra espiritual, mas a usam para guerra errada, o que poderá trazer um efeito indesejável.

Por essas razões, exponho neste livro os diferentes tipos de orações existentes, e apresento ainda, o tipo de oração que precisamos usar de acordo com a necessidade ou área em que esteja sob ataque e a intensidade real deste. Também enfocaremos tópicos tais como: por que pedimos e não recebemos, quais são as estratégias de guerra, como utilizar a oração para trazer a mudança em nossas vidas, famílias, casamentos, nação, ministério, finanças, etc., e como obter os resultados quando orarmos.

Também abordaremos tópicos tais como decretar a palavra como uma arma de guerra espiritual e como operar em libertação. Incluo de igual modo, um guia prático sobre como decretar a palavra e como melhor lidar com o ato de libertação em si. Isso permitirá aos crentes em geral, tornarem-se melhores intercessores, futuros intercessores e melhores líderes de grupos de intercessão.

Estas são todas grandes ferramentas que nos ajudam a aumentar nossas próprias dimensões no Reino de Deus e que nos capacitam a construir nossa própria equipe de guerreiros espirituais com essas práticas maravilhosas.

O principal enfoque é que cada crente saiba qual é a sua identidade como filho e filha de Deus; sejam capazes de reconhecer o total potencial com o qual foram capacitados; para saber exatamente o local que devem ocupar no Reino de Deus e para estarem capacitados para usar a autoridade que lhes tem sido delegada por Deus (Ele).

Meu desejo é conscientizar os crentes, no sentido de reconhecerem que a oração não é um dom, mas uma prática que todos nós, seguidores de Jesus, temos a responsabilidade de colocar em prática.

Também é meu desejo que através deste material, o corpo de Cristo possa estar equipado para fazer uso adequado de todas as armas espirituais que temos à nossa disposição, que pare de esperar e contar com pessoas que realmente compreendem a autoridade do Reino de Deus para interceder, impor as mãos sobre eles e profetizarem em suas vidas para que uma transformação ou virada aconteça. Que estes crentes encontrem uma emancipação espiritual na autoridade que lhes está disponível no Reino de Deus.

Cada crente poderá operar no poder que lhe tem sido concedido e levantar-se com autoridade, como parte do grande exército do Senhor. Não fomos chamados por Deus para sermos meros expectadores, mas como partes da solução para os problemas diários com os quais se depara nossa sociedade.

É como parte ativa deste exército que devemos permanecer, portanto, chamados para estabelecer o Reino de Deus na terra.

Também tenho como objetivo, que cada crente encontre sua área de chamado e reconheça que nossas atribuições como cristãos são mais amplas que nossos esforços por nossa salvação. É viver uma vida de autêntica realização, é diligentemente corresponder ao desafio de estabelecer o Reino de Deus nesta terra, bem como desfazer todas as obras malignas do Reino das trevas.

Minha maior alegria e contentamento se realizariam se através deste material, fosse eu capaz de alcançar o surgimento de um exército de crentes que estivessem convencidos, como filhos de Deus, de que foram chamados para operar na mesma dimensão espiritual que Jesus operou.

Meu maior desejo é que cada crente possa se tornar um guerreiro do exército divino de Deus, com uma verdadeira identidade em Cristo, completamente conscientizado de que em suas palavras encontra-se o poder da vida e da morte e que em sua boca há um milagre.

PODER E DOMÍNIO

"E Deus os abençoou e Deus lhes disse: Frutificai, e multiplicai-vos, e enchei a terra, e sujeitai-a; e dominai sobre os peixes do mar, e sobre as aves dos céus, e sobre todo o animal que se move sobre a terra" (Gênesis 1:28).

Uma das razões que me motivou escrever este livro foram minhas observações feitas ao longo de minha longa caminhada com Deus, do grande número de crentes que não tinham uma identidade em Cristo. Crentes dedicados à obra do Reino de Deus, que possuíam intensões genuínas de seguirem a Jesus e seus princípios. Crentes que viviam uma vida separada do pecado, mas sem reconhecer a autoridade que tinham em Cristo Jesus.

Quando mencionei crentes sem identidade, refiro-me ao fato de que não reconhecem quem são no Reino de Deus. Desconhecem seus direitos espirituais como crentes e suas limitações. Nem sequer sabem do potencial que lhes foi dado por Deus até mesmo antes do nascimento. Crentes que ainda não reconhecem seus propósitos na terra.

Todos nós viemos a este mundo com um propósito. Cumprimos uma missão de preenchermos um espaço no Reino de Deus. Nosso nascimento não foi uma coincidência. Deus tem planos para nós:

"Antes que eu te formasse no ventre, eu te conheci; e, antes que saísses da madre, te santifiquei e às nações te dei por profeta" (Jeremias 1:5).

No livro de Gênesis, Deus deu ao homem autoridade de ser senhor sobre toda criação. As palavras "ser senhor" referem-se ao exercício do domínio, sujeitar, governar, conquistar, colocar sob os seus pés. Em outras palavras, Deus nos deu autoridade e domínio sobre todas as coisas que se encontram na terra, no mar e no ar.

O livro de Gênesis também declara:

"E criou Deus o homem à sua imagem; à imagem de Deus o criou; macho e fêmea os criou" (Gênesis 1:27).

A palavra imagem significa a cópia exata de uma espécie. A palavra semelhança se relaciona com função. Isto é: Deus duplicou a si mesmo através de nós. Somos uma réplica exata! Este ato significa que temos sido capacitados por ele (Ele), para operar sob a mesma autoridade na qual Ele opera.

Esta autoridade implica em domínio sobre todas as coisas existentes, incluindo a pobreza, doenças, escassez, poder sobre os espíritos malignos, etc. Esta autoridade nos foi roubada pelo diabo no Jardim do Éden, através da desobediência ou pecado de Adão e Eva, mas por meio da morte de nosso Senhor Jesus Cristo na cruz do Calvário, conquistamos de volta este domínio.

O que acontece é que embora tenhamos recuperado o domínio perdido através de Jesus, muitas vezes desconhecemos a autoridade com a qual temos sido capacitados. Isso se deve a várias razões: entre estas se destacam a falta de conhecimento e o fato de que às vezes somos *salvos, porém* não *libertos*.

Quando menciono, "pela falta de conhecimento", refiro-me ao fato de que muitas vezes os crentes desconhecem os benefícios da cruz em sua integralidade. É bastante comum em nossos centros da fé ou igrejas, sermos ensinados sobre a salvação e o perdão dos pecados, como benefícios obtidos para nós através da morte de Jesus na cruz do Calvário. Na verdade, esses são dois benefícios muito poderosos nos quais, como cristãos, podemos participar!

Contudo, estes não os únicos benefícios conquistados para nós. A morte de Jesus Cristo também nos devolveu nossa identidade perdida, aquela que nos foi roubada no Jardim do Éden. Jesus Cristo também morreu para nos reconciliar com o Pai.

A outra razão por mim mencionada para o povo de Deus viver sem identidade é aquela de sermos *salvos, porém* não *libertos*. O motivo que me leva afirmar que não somos libertos é porque passamos anos, como cristãos nascidos de novo, mas mesmo assim continuamos passivamente condescendentes com os mesmos gigantes de nossa vida pregressa. Continuamos a alimentar os mesmos medos e inseguranças e acariciamos e mantemos os pensamentos que são contrários ao que Deus declarou sobre nós.

Em outras palavras, existem muitos crentes que conhecem o que Deus declarou sobre eles através de sua Palavra, mas há situações do passado ainda em operação em suas vidas, que lhes impede de aceitar e receber esta verdade. Uma situação desta natureza pode ser o sentimento de culpa. Isso ocorre quando certas situações acontecidas no passado nos fazem sentir que como crentes não somos merecedores de tal graça e distinção vinda de Deus.

Adicionamos a este sentimento de culpa, a voz do inimigo que nos lembra repetidamente de onde viemos e todas as coisas que fizemos de errado. Começamos a desenvolver pensamentos tais como:

"Pequei tão gravemente contra Deus em minha vida pregressa que acredito não ser digno do perdão de Deus nem tão pouco dos benefícios que Jesus conquistou na cruz."

"Depois de ter pecado tanto, seria simplesmente demais ambicionar tentar operar em tais níveis de autoridade."

"Acho que devo apenas contentar-me com o perdão de meus pecados e isso é tudo".

Outra situação do passado que nos impede aceitar nossa identidade em Deus, é aquela de não termos tido um pai biológico responsável e amoroso. Pessoas que foram física, sexual ou emocionalmente abusadas por seus pais biológicos, sentem rejeição por todas as pessoas do sexo masculino.

Em especial para aqueles que tentam exercitar o papel de cuidador ou pai adotante, o que inclui a Deus.

Estes indivíduos sentem dificuldade em ver Deus como um pai amoroso, que deseja o melhor para seus filhos e filhas, pois a experiência que tiveram da imagem paterna foi exatamente o oposto.

Se por algumas das razões acima que acabei de mencionar, aquele filho de um crente sente ódio por seu pai e não tem conseguido perdoá-lo, tornar-se-á mais complicado aceitar posteriormente a paternidade de Deus e os benefícios que ela oferece. Parte destes benefícios é o domínio e o poder que nos foi concedido por nosso Pai celestial. Desta forma, aí temos a importância de libertação para que consigamos operar livremente sem restrições em nosso chamado.

TESTEMUNHAS FIÉIS

"Mas recebereis a virtude do Espírito Santo, que há de vir sobre vós; e ser-me-eis testemunhas tanto em Jerusalém como em toda a Judéia e Samaria e até aos confins da terra" (Atos 1:8).

Às vezes, pensamos que Deus não está interessado em nos ver em operação com este poder, para o qual nos foi dada participação como herdeiros da nova aliança. Muitas vezes vemos as orações de indulgência das pessoas, aquelas em que suplicam diante de Deus que lhes possa conceder pelo menos uma pequena porção deste poder que nos foi prometido através de sua Palavra.

Acabei de esclarecer que as orações de súplica, jejum, etc., são armas poderosas de guerra espiritual sobre as quais falarei mais tarde. O problema é quando as usamos para "comprar" a misericórdia de Deus, para vermos se Ele se apieda de nós e concede-nos pelo menos um pouco do seu poder.

Na verdade, este poder já se encontra em operação dentro de nós, como parte dos benefícios de termos recebido Jesus.

E somos ignorantes pois o interesse de Deus em nos dar do seu poder é maior que a nossa preocupação em recebe-lo.

"Vós sois as minhas testemunhas, diz o SENHOR, e o meu servo, a quem escolhi; para que o saibas, e me creiais, e entendais que eu sou o mesmo, e que antes de mim deus nenhum se formou, e depois de mim nenhum haverá"(Isaias 43:10).

A razão pela qual eu digo que o interesse de Deus em nos dar do seu poder é maior que nossa preocupação em recebermos a porção deste grandioso poder é porque o Reino de Deus precisa de testemunhas!

Imaginemos que você esteja envolvido em uma situação legal em que fora acusado de algo que não cometeu. Você conhece várias testemunhas que podem depor a seu favor. Quem está mais interessado na versão dessas testemunhas? Você como a pessoa falsamente acusada ou as testemunhas que estão dispostas a oferecer seus depoimentos com o objetivo de lhe favorecer enquanto a pessoa acusada em questão?

Acredito eu que sua resposta seria exatamente igual a minha: a pessoa mais interessada na versão destas testemunhas, com o resultado final devidamente esclarecido do caso seria a pessoa falsamente acusada.

A mesma coisa ocorre no Reino de Deus que procura testemunhas que deponham a favor da grandeza de Deus. Quando fazemos bom uso do poder que está dentro de nós e operamos em milagres, como cura, libertação, profecia, ressureições, grandes viradas e mudanças na vida das pessoas etc., atraímos, assim, testemunhas para o Reino.

Esta é uma das razões primárias para que depois de mais dois mil anos da partida de Jesus para o céu, seu ministério continue vivo em nossos corações. O que tinha de tão diferente e impressionante no ministério de Jesus?

Como ele conseguiu manter tantos seguidores, mesmo depois de tantos anos após sua morte? Por que o livro que fala dele (a Bíblia) continua como o maior *best seller* de todos os tempos? A resposta é muito simples. Jesus operou através de milagres, o que fez com que sua fama fosse disseminada através dos testemunhos daqueles que falaram do poder que existia dentro dele. Semelhantemente, quando nós, como seus seguidores, estamos conscientizados do poder que temos e fazemos bom uso dele, através dos sinais e maravilhas, estamos desta feita, trazendo o Reino de Deus para terra e, portanto, destruindo o domínio e qualquer governo contrário a ele.

O Reino de Deus busca por corações dispostos e desprendidos para serem usados nessa causa divina. Não é da vontade de Deus que vivamos desviados dessa verdade ou viremos às costas para ela. Muito pelo contrário! Através de seu filho, Deus veio para nos dar identidade, constituindo-nos como filhos e filhas de Dele. Além disso, através do Espírito Santo, Ele veio para nos dar poder para realizar milagres maiores que aqueles realizados por Jesus.

É chegada a hora em que devemos operar na autoridade com que fomos revestidos e de cessarmos o nosso pranto para que o Pai nos entregue aquilo que já nos foi concedido.

É chegada a hora de não mais esperarmos a imposição de mãos de um apóstolo ou profeta para que recebamos a cura ao invés de colocarmos em ação o poder que já está em operação em nós, permitindo que ele flua perfeitamente no sobrenatural.

É chegada a hora de não mais esperarmos até domingo, para sermos tocados pelo Espírito Santo e permitir que o Espírito de Deus habite em nós.

Finalmente, é chegada a hora de não mais lamentarmos sobre nossa situação. De não mais esperarmos a palavra profética que mudará nosso destino. Já fomos ensinados pelo Espírito Santo de Deus para realizarmos grandes viradas e mudanças não apenas em nossas vidas, mas também em nossa família e nossa nação.

COMO LIDAR COM OS RÓTULOS DO PASSADO

Os rótulos colocados sobre nós no passado figuram entre as razões que nos impedem de aceitar nosso domínio no Reino de Deus e que considero como parte do fato de estarmos salvos, porém não libertos.

Muitos de nós vieram de famílias com recursos financeiros limitados e sobrenomes sem quaisquer distinções históricas. Famílias que em sua maioria não tiveram grandes realizações acadêmicas e não possuem uma reputação valiosa na sociedade. Também somos rotulados pela cor de nossa pele ou nacionalidade. Muitas vezes, isso faz com que a sociedade nos enclausure dentro de um grupo "X".

Muitos de nós tem carregado sobre si rótulos, desde a infância, escutando palavras como:

"Sua família nunca realizou nada".

"Você não tem um nome de destaque, então você não é ninguém."

"Não acredito que você atingirá tamanha realização. Você é negro e ademais, vivemos em um mundo racista e preconceituoso".

"Ninguém na sua família foi capaz de realizar isso. Duvido que você consiga."

"Você é de ascendência hispânica, não acredito que terá sucesso neste país."

"Você é órfão, não tem ninguém para cuidar de você ou te defender, não acho que vá conseguir etc."

Então, quando nos colocamos aos pés do mestre e o recebemos como Salvador, aceitamos seu perdão. Contudo, continuamos como portadores destes fardos do passado que nos marcaram profundamente. Estas marcas se tornaram uma prisão mental que nos limitam e impedem de atingirmos qualquer coisa. Sentimo-nos mentalmente programados para nos vermos da mesma maneira que a sociedade nos percebe.

Mesmo depois de aceitarmos a Jesus e descobrirmos que fomos criados para governar sobre toda criação, começamos a racionalizar todas as coisas que Deus disse que somos em contraste com o conceito que temos de nós mesmos e, com base nestes rótulos que temos portado desde o nosso longínquo passado. Muitas vezes, permitimos esses rótulos determinar nossa identidade e colocamos de maneira inconsciente o que Deus disse sobre nós, em um nível secundário.

As boas novas em tudo isso, é que temos um Deus que nos compreende. Jesus também precisou lidar com rótulos sociais de raça, origem, condição social etc. Ele também era de origem humilde e veio de uma pequena cidade insignificante para muitos (ver Mateus 2:6). Ele também era filho de um carpinteiro, um trabalho de pouca relevância naquele tempo. Jesus poderia ter escolhido vir para este mundo sob outras circunstâncias, mas preferiu vir abaixo dessa identidade, para nos dar um modelo a ser seguido. Ora, se ele foi capaz de lidar com todas as discriminações de uma condição social abaixo do padrão, sem perder sua identidade e propósito, nós também seremos capazes.

"Assim que, se alguém está em Cristo, nova criatura é: as coisas velhas já passaram; eis que tudo se fez novo" (2 Coríntios 5:17).

O problema é que embora muitas vezes não tenhamos ciência do poder que opera em nós, existe alguém que sabe disso muito bem; Satanás. O diabo é conhecedor da autoridade que nos foi dada e é por isso que ele é responsável por manter vivo em nossa memória, todos os falsos rótulos e identidades que nos foram dados no passado. Satanás sabe que se crermos em todas essas mentiras, ele então exercerá seu domínio sobre nós.

Satanás sabe muito bem que a única maneira de sermos governados por Deus é quando renunciamos todas as mentiras por ele proferidas e ministradas a nós, quando decidimos aceitar, crer e declarar o que Deus tem afirmado sobre nós. Vejo como pertinente mencionar aqui, que o inimigo de nossas almas não está interessado em nós, mas no domínio que nos foi concedido.

Quando o reino das trevas nos vê, ele percebe Aquele que o venceu e derrotou e também enxerga o reflexo Daquele que nos tem dado autoridade sobre toda criação, incluindo ele.

POR QUE O INIMIGO ATACA NOSSA PROSPERIDADE

O inimigo não está interessado em nós, mas em nossa identidade como filhos de Deus. E é por esta razão que ele nos ataca com dúvidas, que nos fazem questionar nossa identidade e o domínio que temos. Aquela mesma dúvida que nos faz duvidar do amor de Deus por nós, que causa desânimo e falta de fé. O inimigo sabe que quando a dúvida nos leva a questionar a autoridade que nos foi concedida, não seremos capazes de exercitar a autoridade sobre ele, pois nossa fé está enfraquecida.

O inimigo nos ataca com a pobreza e escassez, pois sabe que a expansão do Reino de Deus seria impossível sem finanças; a falta de dinheiro nos paralisa e impede de estabelecermos o Reino de Deus em outros territórios; limitando-nos tremendamente. As necessidades do Reino de Deus não podem ser atendidas e nem tão pouco as nossas.

O inimigo sabe que quando nossas necessidades humanas não estão supridas, começamos a nos preocupar. As preocupações levam a ansiedade, e uma mente ansiosa e preocupada, encontra dificuldades para orar (e muito mais para louvar). Quando a oração, o louvor e a adoração diminuem em nossas vidas, nossa relação com Deus torna-se distante e enfraquecida.

Se há algo que o reino das trevas realmente deseja é destruir nosso relacionamento com Deus, para que não executemos o domínio para o qual fomos criados e para que nos tornemos debilitados espiritualmente.

A razão que o leva a enfraquecer nossa fé é para que não consigamos desfazer suas obras. Ele sabe que o plano de Deus na terra requer a intervenção humana e sabe que Deus conta conosco para realizar seu trabalho na terra.

O fato de desejar nos impedir que exercitemos o domínio que nos foi concedido por Deus encontra-se entre as outras poderosas razões para os ataques do inimigo contra nossa identidade. O inimigo deseja deter o avanço do Reino e sabe muito bem que à medida que avançar as obras de Deus, mais próximo estará ele de seu fim! Estejam certos de que ele tentará impedir esta obra a qualquer custo.

"E este evangelho do Reino será pregado em todo o mundo, em testemunho a todas as gentes, e então virá o fim" (Mateus 24:14).

O PORQUÊ DAS TENTAÇÕES DO INIMIGO

O inimigo está interessado em nossa identidade e domínio. É por este motivo que quando passamos por momentos difíceis, os primeiros pensamentos que nos vêm são:

"Se Deus me ama, então por que me permite passar por isso?"

"Se Deus é poderoso, então por que Ele não me concede o que estou a pedir?"

"Estou cansado de orar e ver que nada acontece."

"Se tenho poder e domínio então por que não posso mudar minhas circunstâncias?"

Estes são os pensamentos mais comuns que nos são ministrados pelo reino das trevas com o único objetivo de atacar nossa identidade e de nos fazer duvidar o domínio que nos foi dado por Deus. O inimigo também nos ataca para que questionemos o amor de Deus por nós e para tentar nos impedir de crer no que Deus declarou a nosso respeito. Uma vez que consiga fazer com que acreditemos em suas mentiras e abracemos suas palavras malignas, ele nos afogará em sua miséria e nunca conseguiremos alcançar nosso destino.

"Para vos dar o fim que esperais" (Jeremias 29:11).

Deus, como um Pai amoroso que ama a todos os seus filhos, deseja que alcancemos nossos destinos e que estes nos tragam contentamento, paz, liberdade, prosperidade, grandes viradas e mudanças em nossas vidas e que entremos em um relacionamento profundo e cheio de realizações com Ele.

Porém, o reino das trevas sabe muito bem, que se alcançarmos este local de plenitude que Deus tem reservado para nós, seria mais difícil para ele vencer a batalha. Consequentemente, sua principal intenção é nos distrair através das tentações.

Por este motivo, ele sempre nos tentará com as coisas com as quais nos sentimos humanamente atraídos. Quando nos permitimos ser persuadidos por elas, caímos em desobediência diante de Deus. A desobediência abre a porta para o reino das trevas operar em nossas vidas, dando, portanto, legalidade a Satanás para exercer o domínio sobre nós e, consequentemente, afastando-nos de nosso destino.

Quanto mais tempo ele nos mantiver como prisioneiros de suas tentações, mais distantes ficaremos de reconquistar nossa posição no Reino de Deus e nos distanciaremos ainda mais de nosso destino.

É através desse plano que o inimigo dos afasta de nosso destino e nós, por outro lado, o afastamos cada vez mais de seu final. Este e o impedimento do avanço da obra de Deus na terra são os seus principais objetivos.

Portanto, a importância de permanecermos na palavra e de alimentarmos nosso relacionamento com Deus todos os dias através da oração, louvor e adoração e através da apropriação da autoridade que nos foi concedida. Devemos constantemente declarar o que Deus tem dito sobre nós; confiar Nele sobre todas as circunstâncias e estabelecer o Reino de Deus em toda terra, para que nossas almas sejam salvas e deste modo apressemos o final do inimigo.

O CONHECIMENTO DE NOSSA IDENTIDADE

Uma das características que distingue um ser humano que goza de sanidade ou saúde mental é o reconhecimento de sua identidade ou "senso de si. Isto significa estar consciente de quem somos dentro do ambiente que nos rodeia. Também podemos reconhecer quais nossas limitações e as capacidades que estão fora de nosso alcance. Isto é o que chamamos de *"sujeito situado"*, permanecendo este indivíduo dentro de sua própria pessoa, tempo e espaço.

Dizemos que um indivíduo está situado em sua própria pessoa, quando há uma consciência de identidade e a pessoa tem o completo reconhecimento de quem é.

Dizemos que um indivíduo está situado no tempo, quando a pessoa tem o poder de identificar o tempo, as estações à sua volta.

Quando dizemos que o indivíduo está situado no espaço, esta pessoa é capaz de identificar onde ele ou ela está e qual sua localização.

Quando uma dessas três áreas, aqui mencionadas não está em perfeito funcionamento, podemos dizer que a pessoa se confronta com um colapso emocional grave ou apresenta um declínio em sua saúde mental. É assim que é identificado no mundo físico.

Mas, na realidade é que nós crentes, muitas vezes vivemos uma vida espiritual semelhante às mesmas circunstâncias que acabei de mencionar.

Mal situados em nós mesmos como pessoas no tempo e no espaço. Em outras palavras, desconhecemos quem somos em Deus ou a dimensão do poder que temos como filhos e filhas dele.

Muitas vezes estamos mal situados no tempo, porque nos falta a capacidade espiritual para identificar a estação do ano na qual vivemos atualmente e qual o tempo *kairós* de Deus para o cumprimento de cada um de seus propósitos em nossas vidas.

Estamos mal situados no espaço quando desconhecemos qual a nossa posição no Reino de Deus e em que lugar dentro de seu propósito nos encontramos.

Esta é uma das razões para que o inimigo obtenha vantagem sobre nós, e assim, nos rotule com falsas identidades.

Para aquele que não sabe quem é, qualquer nome serve, por não ter o conhecimento de sua própria identidade.

É fácil acreditar no diabo e/ou na sociedade, daquilo que dizem ao nosso respeito, quando nós mesmos, desconhecemos quem realmente somos.

Porém, da mesma forma, seria mais difícil permitir que fôssemos rotulados pelo inimigo, quando já fomos rotulados por Deus! Quando recebemos esta identidade que Deus nos deu, podemos então e só então, nos regozijarmos com a total consciência de quem verdadeiramente somos.

REAFIRMAÇÃO DE NOSSA IDENTIDADE

Não permita que circunstâncias determinem sua identidade. Você não é o que as circunstâncias ditam. Você é o que Deus diz quem você é!

O primeiro passo que devemos tomar é reconhecer, recuperar e reafirmar nossa identidade. É saber e aceitar, o que Deus disse que sobre nós. Não o que Satanás, a sociedade disse sobre nós.

Como podemos saber o que disse sobre nós? Que nova identidade é essa que Ele concedeu àqueles que o receberam como senhor e Salvador de suas vidas?

Toda esta informação se encontra em sua Palavra! A Bíblia diz que somos:

A) A nação santa;

B) O povo adquirido por Deus;

C) A geração eleita;

D) O sacerdócio real;

E) A menina de seus olhos;

F) A luz do mundo;

G) O sal da terra;

H) A esposa do cordeiro;

I) O povo redimido;

J) Os escolhidos.

Uma vez que o aceitamos, recebemos e declaramos a identidade que o Pai tem nos dado. Qualquer outra, trazida do passado, ou aquela que nossas circunstâncias queiram nos ditar tornar-se-ão anuladas diante da identidade que já assumimos em Deus.

Uma das revelações mais grandiosas que o Espírito Santo trouxe para a igreja de Deus neste tempo é o poder do "Eu sou". Tudo que pudermos agregar a este nome e tudo que declararmos ou profetizarmos sobre nossas vidas se sedimentará e será ativado. Isso faz parte da autoridade envolvida em nossas palavras.

Quando usamos as palavras "Eu sou", proferimos um decreto ou decretamos a palavra diretamente para nossa pessoa. Em outras palavras, estabelecemos através de nossas declarações o que Deus tem afirmado sobre nós e desmontamos toda identidade falsa previamente estabelecida em nossas vidas. Também estamos a reafirmar nossa verdadeira identidade, que é aquela que temos em Cristo Jesus!

DECLARAÇÃO PROFÉTICA, EU SOU.

Eu declaro que sou um filho/filha de Deus, co-herdeiro de Jesus Cristo.

Eu aceito a paternidade do Pai celestial, através de seu filho Jesus Cristo. Eu declaro que me encontro com ele, sentado nos lugares celestiais. Eu sou um herdeiro do Reino de Deus. Eu tenho livre acesso ao trono da graça, cada uma de suas promessas está destinada para mim e as recebo em minha vida.

Concordo que que sou amado (a) por meu Pai celestial, que fui por ele justificado (a) através da fé, meus pecados estão perdoados por ele e todas as manchas de meu passado foram perdoadas e apagadas.

De acordo com a palavra de Deus, estabeleço que sou uma nação santa, a geração eleita e o povo escolhido por Deus. Concordo que fui retirado das trevas para a maravilhosa luz de Jesus.

Eu renuncio quaisquer rótulos ou nomes, que me foram dados no passado pelo reino das trevas, pela sociedade, família ou amigos. Não mais os aceito como parte de mim, rejeito-os completamente em nome de Jesus!

Elimino toda identidade do passado ativada em mim através de palavras negativas, proferidas por mim, contra mim mesmo.

Anulo qualquer identidade a mim atribuída por maldições hereditárias, por atitudes por mim adotadas consciente ou inconscientemente, por pensamentos de fracasso, depressão, frustação, experiências ruins do passado etc.

Anulo qualquer identidade ativada em minha vida através de traumas sofridos em minha infância ou vida adulta, ou por abusos emocionais ou físicos, causados por alguém com autoridade em minha vida.

Elimino toda identidade em mim cultivada por minha baixa autoestima, por inseguranças, por rejeição de sexo, raça, cor de pele, condição social, nacionalidade, medos, etc. Renuncio-as todas, anulo-as e as declaro como inoperantes em mim em nome de Jesus.

Aceito minha nova identidade, concedida através de Jesus Cristo e sua morte na cruz. Concordo que fui redimido pelo sangue de Jesus, que seu favor está sobre mim, que sou uma nova criatura nele, que fui criado para governar, ungido para conquistar e possuir e que posso fazer todas as coisas em Cristo que me fortalece.

Aceito e declaro que sou o sal da terra, a luz do mundo, a esposa do cordeiro, a menina dos olhos de Deus, o templo do Espírito Santo, a geração escolhida, justificada por Cristo.

Eu sou um guerreiro do exército divino. Eu sou uma pessoa de Deus, sou uma ovelha de seu rebanho, sou um discípulo de Jesus e co-herdeiro com Cristo.

Aceito que tenho a mente de Cristo; que sua sabedoria se encontra em mim, eu sou uma benção e tudo que me proponho a fazer prospera.

Declaro que estou cheio de fé, que os dons do Espírito Santo residem em mim; que fui justificado através de minha fé, que o perdão de Jesus me declara santo e que fui purificado pelo sangue.

Determino que cada dia sou fortalecido pelo Espírito Santo. Portanto, sou forte o suficiente para encarar todas as dificuldades que surgirem em minha caminhada nesta terra. O fracasso não tem lugar em minha vida, porque fui projetado por Deus para triunfar e sou mais que vencedor através de Jesus.

Confesso que estou morto para o pecado, que minha carne foi crucificada com Jesus e que fui batizado e ungido pelo seu Espírito Santo.

Não aceito o medo em minha vida. Declaro e aceito que Deus é por mim, não contra mim, que seus anjos estão sempre próximos a mim, a me manterem em todos os meus caminhos; portanto, meu coração nele confia.

Concordo que fui projetado à imagem e semelhança de Deus, que sou sua réplica exata; que seu sopro de vida está em mim, e que possuo o DNA divino para operar na mesma dimensão que meu criador opera.

Determino e estabeleço que caminho pela fé, e não pelo que vejo; que fui ungido para triunfar, que minha vida está alicerçada no propósito divino de Deus, todas as coisas que me acontecerem, acontecerão para o meu bem.

Concordo e declaro que o poder do Deus vivo se encontra dentro de mim para tornar novas todas as coisas. Aceito a vida que Ele tem colocado em mim para ressuscitar todas as coisas que estão mortas em meu ambiente: sonhos, projetos, famílias, ministérios, negócios, etc.

Recebo e aceito o domínio que me foi dado por Deus no Jardim do Éden para administrar devidamente toda a sua criação e para ser produtivo em tudo que eu empreender.

Aceito o direcionamento absoluto em minha vida, do Espírito Santo de Deus e lhe concedo o direito legal de reafirmar e ministrar esta nova identidade que recebi em Jesus Cristo, todos os dias da minha vida.

Anulo e rejeito, qualquer outra voz que possa tentar ministrar em minha vida outra identidade contrária àquela estabelecida por Deus, através de seu Espírito Santo.

Em nome de Jesus, Amem!

CIDADÃOS DE UM NOVO REINO

O poder com que fomos capacitados. *"Mas a nossa cidade está nos céus, donde também esperamos o Salvador, o Senhor Jesus..."* (Filipenses 3:20).

De acordo com estatísticas, seres humanos com uma maior capacidade mental ainda não exploraram 10% de suas capacidades intelectuais. Acredito que estas estatísticas também se aplicam aos nossos potenciais espirituais. Como cristãos não desenvolvemos dez por cento de nossas habilidades espirituais.

Também acredito que esta situação se deve em parte à falta de reconhecimento de nossas capacidades espirituais e parcialmente devido à concepção inferior e equivocada que temos com relação ao tema da conversão.

Em nossas igrejas ou comunidades de fé quando falamos para um descrente sobre a necessidade de receber Jesus em seu coração, geralmente falamos da salvação da alma e o quão benéfico é ter alguém a quem contamos nossos problemas, alguém com quem partilhar as dores, que nunca nos faltará, que nos ouvirá sempre e nos fortalecerá em nossas jornadas da vida etc.

Quando estas pessoas recebem Jesus, passam por uma série de estudos sobre salvação, perdão dos pecados, oração e arrependimento etc.

Isto é extraordinário! Todos estes ensinamentos são partes essenciais do processo de conversão, e necessários para o conhecimento aprimorado de cada novo convertido ou crente. Porém, como falei antes, estes são apenas partes dos benefícios que obtemos, quando nos tornamos cristãos nascidos de novo.

Existem outros benefícios que muitas vezes esquecemos de mencionar, como por exemplo: quando nos tornamos filhos de Deus, obtemos o DNA divino; tornamo-nos coparticipantes com Jesus de tudo que envolve sua divindade.

Moramos por vários anos em Porto Rico e uma das primeiras coisas que observei quando cheguei a esta nação foi quanto esta ilha se percebe como um lugar transcultural de influências americanas. O fato de Porto Rico pertencer a comunidade dos Estados Unidos *(commonwealth)*, deu à ilha uma nova identidade. Isso pode ser visto nos prédios do governo e em todos os lugares, onde está hasteada não apenas a bandeira de Porto Rico, mas também a bandeira americana.

Pude também observar que o sistema de justiça funciona sob as mesmas particularidades do sistema de justiça americano. A língua inglesa é ensinada em muitas escolas e os sistemas de franquias já estabelecidos em toda a ilha, etc. Considerando que por ser uma ilha do Caribe, seus habitantes são latinos. Mesmo assim, suas identidades mudaram, pois estão sob a cidadania americana.

Esta mudança de cidadania alterou a forma como falam, suas visões, o valor do dinheiro, a forma de pensar, seus comportamentos e identidades. Em outras palavras, permanecem como porto-riquenhos, mas suas identidades são da nova nação da qual são cidadãos.

A mesma coisa acontece quando aceitamos a Jesus e nos tornamos cristãos nascidos de novo. Continuamos dentro do mesmo corpo humano e, embora vivendo no mundo, não somos dele. Nossa identidade mudou, obtivemos uma nova, e esta mudança implica em uma mudança de vocabulário. Não falamos como antes, nosso linguajar é diferenciado. Nossa linguagem mudou de uma linguagem terrena para se tornar uma linguagem de fé. Começamos a falar a mesma língua que é falada no novo Reino ao qual agora pertencemos.

No mundo de onde viemos, fala-se sobre escassez, mas no mundo ao qual pertencemos, tais palavras não existem. Do mundo de onde viemos, fala-se de impossibilidades, mas no novo mundo ao qual nós agora pertencemos estas palavras não existem.

"Eis que eu sou o SENHOR, o Deus de toda a carne. Acaso, seria qualquer coisa maravilhosa demais para mim? (Jeremias 32:27).

O problema enfrentado por muitos crentes, é que quando se tornam novos cidadãos, ainda mantêm a linguagem do velho mundo ao qual pertenciam e isso lhes impede de gozarem plenamente dos benefícios que o Reino de Deus oferece.

Outra característica desta nova cidadania é a mudança de visão e de mentalidade. Pertencer a um novo governo, diferente daquele ao qual costumávamos pertencer requer este tipo de mudança. Não enxergamos mais as coisas da mesma perspectiva, como fizemos anteriormente, mas, ao contrário, vemos uma nova perspectiva que também corresponde ao novo governo ao qual agora pertencemos.

MUDANÇA DE PERSPECTIVA

Cidadãos de um novo Reino

Estas mudanças de visão, mentalidade e perspectiva são básicas e devem ocorrer quando ocorre a conversão. Não mais vemos as conhecidas dificuldades que a vida apresenta sob a mesma perspectiva. Acontece uma mudança de visão.

Por exemplo, no mundo de onde viemos, primeiro vemos as coisas e aí afirmamos que elas existem. Em nosso novo Reino, ao que agora pertencemos, chamamos as coisas à existência e então elas se tornam realidade. Em outras palavras, declaramos aquilo que ainda não é, como se fosse.

"*.... perante aquele no qual creu, a saber, Deus, o qual vivifica os mortos e chama as coisas que não são como se já fossem.*" (Romanos 4:17)

No Livro de Isaías, a Bíblia nos conta a história de uma viúva que tinha um único filho. A palavra nos diz que o um dia o filho da viúva adoeceu e morreu. Quando ela viu o filho morto, foi procurar o profeta para que explicasse o porquê, pois afinal Deus lhe dera um filho de maneira milagrosa e agora ele não mais respirava. Quando a viúva saiu à procura do profeta, um de seus servos perguntou como ela estava ao que ela respondeu: " Está tudo bem."

Humanamente falando, pareceria inconcebível que esta viúva, apesar de submergida em tão profunda dor, (provocada pela perda do filho), pudesse proferir aquelas palavras. No mundo ao qual aquela viúva pertencera antes de sua conversão, ela estaria em uma grande tragédia, porém no novo Reino do qual ela tinha o controle divino da situação e do qual agora era cidadã, não existia catástrofe alguma. Estava tudo bem. Neste governo a palavra morte não existe. Só existe VIDA!

"Disse-lhe Jesus: Eu sou a ressurreição e a vida; quem crê em mim, ainda que esteja morto, viverá; " (João 11:25)

"Ainda que eu andasse pelo vale da sombra da morte, não temeria mal algum, porque tu estás comigo; a tua vara e o teu cajado me consolam." (Salmo 23: 4)

Como você pode ter percebido, as circunstâncias daquela viúva podem ter permanecido as mesmas. Seu único filho morrera, o que representava um grave problema para aquela sociedade. Uma viúva sem filhos era considerada uma pessoa sem valor.

Contudo, o que mudara naquela mulher fora sua visão e sua perspectiva. Lá estavam suas circunstâncias humanas, mas ela sabia que não podia permitir que controlassem sua visão. Invés disso, sua identidade determinou sua visão e perspectiva como cidadã do Reino de Deus.

Outro benefício oferecido por esta nova cidadania celestial é: "O direito". Tenho observado a liberdade que gozam os porto-riquenhos graças à cidadania americana. Eles são livres para viajar para outros países sem a necessidade de visto ou permissão especial.

A mesma coisa acontece conosco, quando nos tornamos cidadãos do Reino de Deus. Esta condição de cidadãos nos dá certos direitos. O fato é que em muitos casos só temos ciência destes em termos muito gerais. Muitos conhecem o direito à salvação que nos é concedido por nossa cidadania celestial, mas poucos sabem do fato de que temos como "passaporte" o DNA divino que nos dá acesso a operar nas mesmas dimensões espirituais, que opera o Reino de Deus.

Em nosso Reino, palavras como: *impossível, limitações, doenças, ou problemas* não existem. Não há morte, por que Ele é o pai da vida. Não há *medo ou situações difíceis,* pois estas são situações que operam em um governo humano, como resultado do pecado, e nós como cidadãos do Reino de Deus não fomos chamados para ser parte delas.

Pelo contrário. Somos chamados para desfazer as obras que operam no reino das trevas no mundo, e estabelecer nosso novo governo, que oferece as pessoas uma nova visão e perspectiva.

"Para isto o Filho de Deus se manifestou: para desfazer as obras do diabo." (1 João 3: 8)

Porém, para que nós crentes cumpramos esta missão, precisamos de PODER!

Poder é outro benefício grandioso que temos à nossa disposição, como cidadãos do Reino de Deus.

PODER

"Mas recebereis a virtude do Espírito Santo, que há de vir sobre vós..." (Atos 1: 8).

O fato de Deus querer enviar o Espírito Santo a nós, não foi apenas para nos confortar e guiar em toda verdade e justiça, mas também para nos dá poder. A palavra poder significa autoridade para operar, ou exercer domínio. Isto é, através do Espírito Santo, Ele tem nos dado autoridade para operar na terra, sob a mesma autoridade que Ele opera no céu.

"Na verdade, na verdade vos digo que aquele que crê em mim também fará as obras que eu faço e as fará maiores do que estas, porque eu vou para meu Pai." (João 14:12)

Você consegue imaginar isso? Foi nos concedido um poder maior que aquele que operou em Jesus, quando ele estava na terra para atuar no sobrenatural! O sobrenatural não é apenas o meio natural de maneira acelerada, mas também a habilidade de operar em uma dimensão, que é naturalmente inexplicável.

Em outras palavras, se Jesus deu vista aos cegos, curou os doentes, repreendeu os demônios e até ressuscitou os mortos; nós também temos o mesmo poder, maior que aquele que ele utilizou para operar na mesma dimensão de milagres!

O problema é que o inimigo tem mantido por muitos anos uma venda espiritual nos olhos dos crentes, nos fazendo crer que temos menos poder (ou nenhum), que na verdade possuímos!

Com frequência, o inimigo nos lembra de nossa condição humana e limitações. Habitamos um corpo físico. É por isto que ele ataca nossa fé. Enquanto nos mantêm como ignorantes do poder que nos foi concedido por Deus, poderá realizar seu maior desejo: deter o avanço do Reino de Deus, pois sabe que quanto mais descobrimos esta verdade e começarmos a operar nela, ela nos libertará!

ASSUMIR O COMPROMISSO

Tenho falado sobre a autoridade com a qual fomos capacitados por Deus. Também ressaltamos a questão dos muitos benefícios que temos como cidadãos de seu Reino. Agora é pertinente mencionar, como crentes e cidadãos do Reino de Deus, que não fomos chamados apenas para usufruir dos benefícios que seu Reino tem a oferecer, nem tão pouco, apenas para operar na autoridade que nos foi delegada. O Reino de Deus ao qual agora pertencemos é governado por um conjunto de princípios e códigos de ética, com os quais nós, cidadãos, devemos operar. Isto é, há condutas e comportamentos que definem os cidadãos do Reino de Deus.

Quando conhecemos alguém, a primeira coisa que perguntamos é "qual o seu nome". Quando sabemos o nome daquela pessoa e iniciamos uma conversa, a próxima pergunta é, "de onde você é?" Ou "qual a sua nacionalidade?" Esta pergunta em geral é feita por que se soubermos a nacionalidade da pessoa, então poderemos ter uma ideia mais ampla de como ela pensa.

Saber a nacionalidade da pessoa nos dá acesso à sua cultura e a de uma nação, que em contrapartida envolve uma série de comportamentos, ideologias, condutas, atitudes, vocabulários, etc., que afetam a personalidade da pessoa e influenciam seu comportamento.

A mesma coisa ocorre conosco, como cidadãos do Reino de Deus. Existe um número de características peculiares de nossa cultura cristã, que quando recebemos Jesus devem impactar nossa identidade. Tal conversão implica na mudança de atitude, pensamentos, comportamentos, vocabulário, etc.

Eu creio, sem sombra de dúvidas, que essa transição do velho homem para uma nova criatura em Cristo Jesus, 2 Coríntias 5:17) esta mudança de uma cultura mundana para uma cultura espiritual é uma das situações que requer mais de nossos esforços, uma vez que comecemos uma nova vida em Cristo.

O que eu gostaria de enfatizar é que muitas vezes, nós como cristãos, queremos usufruir todos os benefícios do Reino, sem assumirmos corretamente as posições que correspondem à sua cultura. Decidir assumir, ou não uma posição que corresponde aos princípios e leis que governam nosso Reino não é uma opção que como crentes podemos pegar ou largar. É um compromisso no qual mergulhamos de cabeça, se realmente desejarmos ser cristãos deste Reino e usufruirmos de todos os seus benefícios.

O fato de sermos cidadãos de um país ou nação e decidirmos por não seguir o código de normas e leis que regem esta nação, constitui automaticamente uma violação de caráter de desobediência civil. O mesmo acontece em nosso Reino. A não observância dos princípios das leis constituías por Deus através de sua palavra, constitui um ato de desobediência ou pecado que trará consequências sobre aquele que cometa esta falta.

Esta é uma das razões pelas quais muitos crentes oram e oram e não veem os resultados de suas orações. Querem usar as armas e receber os benefícios do Reino sem assumir o nível de comprometimento que lhes é exigido como cidadãos do Reino de Deus.

Não podemos exercer a autoridade sobre o reino das trevas, nem tão pouco fazer o uso adequado das armas espirituais disponíveis para o crente, se primeiro não andarmos em obediência, e se a cultura do Reino de Deus não for implantada dentro de nós. Para exercermos a autoridade é necessário que tenhamos comprometimento, dedicação, obediência e disciplina!

Não importa o quanto oremos para quebra de maldições em operação em nossas vidas, família ou nação; se estivermos em desobediência, operamos em círculos de maldições.

As bênçãos são consequências naturais da obediência. As maldições são a consequência natural da desobediência.

Daí a necessidade que temos como crentes, intercessores e/ou futuro intercessores, é melhor compreender que nosso objetivo não é apenas operar no poder e autoridade que existe em nosso Reino, mas também devemos lutar todos os dias para imitar o papel de Jesus Cristo.

O PERFIL DO MESTRE

Semelhante ao homem perfeito

Grandes eram as peculiaridades que marcaram a pessoa e o ministério de Jesus. É pertinente que nós, seus seguidores, o conheçamos melhor, pois se queremos operar no mesmo nível de autoridade que ele operou devemos nos esforçar e refletir tudo que ele foi.

Os milagres de Jesus foram essenciais para o fortalecimento de seu ministério, que não foi apenas de milagres e de poder, mas que incluiu também um conjunto de comportamentos, uma nova visão e conceitos que moldaram o pacote de suas boas novas para salvação!

O que havia dentro da pessoa de Jesus? Por que tantas pessoas o seguiam? O que tinha de tão peculiar sobre sua mensagem? Por que será que aqueles que o conheceram jamais o esqueceram? Em que consistia o poder de atração de Jesus?

Existem várias características que fizeram de Jesus uma personagem única. E aquela que marcou seu ministério foi a acessibilidade.

"Não era difícil abordar Jesus porque quase sempre, suas mensagens eram pregadas ao ar livre; e para ele qualquer lugar era propício para sentar e partilhar as boas novas; às margens do Lago da Galileia em

um barco, na sinagoga; sua missão era que todos tivessem acesso à sua mensagem."

Outra característica marcante da pessoa de Jesus era sua sensibilidade, amor e bondade.

"As pessoas que o seguiram" perceberam sua sensibilidade, amor e bondade com que abrigava os desamparados; viram o quanto era movido e tocado quando diante do infortúnio e do sofrimento dos doentes, eles eram as testemunhas de como Jesus tocou leprosos jamais abordados por outras pessoas.

"Seu fervor na defesa da dignidade das pessoas, deixando de lado as diferenças de classe social, a autoridade patriarcal, etc."

Jesus destacou apenas o amor de Deus.

O amor de Deus era sem dúvida, o componente central da mensagem de Jesus. Este deve ser o sinal que devemos receber em nossos corações como seus seguidores. O povo que seguiu Jesus observava o quanto ele confiava em um Deus bom, Pai de todos.

O povo que o seguiu, pôde observar o interesse genuíno que ele tinha no bem-estar das pessoas. Jesus não realizava milagres apenas para demonstrar que era o Filho de Deus, mas era movido com compaixão. O que o impulsionava era o amor de Deus por seu povo e jamais teve qualquer intenção de impressionar alguém!

Antes de começarmos a operar na autoridade que o Pai nos disponibilizou como crentes, seria importante nos perguntar primeiro quais são nossas reais motivações. O que nos impulsiona a querer fazer uso de sua autoridade?

Se o que nos move é o amor pelos necessitados, se experimentamos a mesma compaixão que nosso mestre vivenciou quando diante da dor, da necessidade, da doença e das tragédias humanas, então estamos no caminho certo e prontos para fazer uso adequado de sua autoridade.

Do contrário, nossa imitação de Jesus reflete apenas a metade do que ele é. Nosso ministério não seria eficaz, pois existiriam muitas palavras, mas a essência do evangelho da graça e o que sedimentou o ministério de Jesus não estaria lá.

Outra característica marcante da pessoa de Jesus era sua coerência. Aquela que ele manteve até final de sua vida e a característica indispensável de um grande líder. Não é uma questão de curar os enfermos ou libertar os oprimidos, se a parte central de nossa mensagem não for devidamente transmitida.

Muitas vezes, como seguidores de Jesus, somos excelentes na imitação da metade de seu ministério: os milagres e maravilhas. Contudo, esquecemos a outra metade: o amor fraterno, sensibilidade, amor, compaixão, seu espírito conciliador e sua missão em criar apenas uma palavra que resume tudo. Se não conseguirmos encontrar este equilíbrio, então nossa mensagem torna-se incoerente!

Torna-se imperativo que em nós, como crentes, exista um fator de coerência entre o que fazemos e as nossas palavras; entre o que pregamos e nossas obras. Se nossa mensagem é diferente de nosso comportamento então estamos na frente de trabalho errada.

Outra característica da pessoa de Jesus era a versatilidade de sua mensagem. O mundo em que Jesus servia em seu ministério era governado pelo Império Romano. César era a autoridade mais alta do império e o fato de Jesus se proclamar como Filho de Deus confrontou as autoridades políticas de seu tempo, pois só Cesar poderia ser chamado de filho de Deus.

Também o fato de que a mensagem de Jesus incluiu os termos Paz e Segurança, o que também foi considerado como outro desafio às autoridades políticas e, como vocês podem ver, estes também eram o lema do Império Romano.

O fato de Jesus denominar sua mensagem de as boas novas era outro argumento conflitante para aquela sociedade, pois as boas novas só eram associadas com as realizações de César. Mesmo assim, isso não foi um impedimento para Jesus. Ele sabia que sua missão era estabelecer o Reino de Deus; e se significasse entrar em conflito com certas crenças e costumes, que fosse então; e o que por certo não o fez mudar a essência de sua mensagem.

Com isso, ele nos deixou um grande exemplo como seus seguidores. Às vezes, as verdades de nosso Reino confrontarão certas crenças do mundo em que vivemos. Como seguidores de Jesus estamos comprometidos em sermos íntegros, verdadeiros e confiáveis. Não podemos tentar adaptar a mensagem com a intenção de ser aceita por todos. Devemos entregar ao mundo as boas novas de salvação, para que todos possam chegar ao conhecimento de Deus.

Outra característica de Jesus é que ele sempre se distanciava das multidões para orar. Mesmo em meio as intensas atividades como profeta itinerante, Jesus sempre separava um tempo para conversar sozinho com seu Pai e em silêncio.

"Apesar de judeu, Jesus não se contentava com momentos de oração estabelecidos pelos judeus para orar, mas sempre procurava ter um momento íntimo e tranquilo com o Pai."

Temos vários exemplos destes momentos de oração no ministério de Jesus. Um destes, quando ele foi ao Getsêmani para orar por quarenta dias; um grande exemplo a ser seguido por nós. Às vezes queremos servir no Reino, na área de nosso chamado, mas não tiramos tempo para estarmos sozinhos com Deus.

Torna-se assim imperativo que se desejarmos ter sucesso em nosso ministério para trazer à terra o Reino de Deus, que passemos tempo com Ele. Deus não é um Deus isolado e indiferente. Ele busca constantemente maneiras para ter intimidade com seus filhos através do Espírito Santo. Se desejarmos impactar a vida das pessoas como Jesus o fez, devemos estar dispostos a viver como ele viveu, orar como ele orou, amar como ele amou e rejeitar o que ele rejeitou!

POR QUE PEDIMOS E NÃO RECEBEMOS

Pedis e não recebeis, porque pedis mal, para o gastardes em vossos deleites... (Tiago 4:3).

Sinto um grande alívio espiritual em poder canalizar através deste livro o que o Espírito Santo tem falado ao meu espírito sobre *"pedir mal"*.

Por muitos anos, fomos ensinados, e ainda somos, de que quando a Bíblia diz "Pedis e não recebeis porque pedis mal, para gastardes em vossos deleites " (Tiago 4:3), ele apenas se referia às coisas materiais. Este ensinamento, por outro lado, fez com que a igreja, por muitos anos, permanecesse receosa de se dirigir a Deus para pedir por coisas que vão além do necessário para sobreviver ou até atender suas necessidades básicas.

A igreja assumiu, portanto, uma cultura de oração limitada, distorcendo com ela a imagem de Deus como provedor de todas as coisas, para a imagem de um Deus limitado, disposto a conceder apenas aquelas coisas básicas e indispensáveis de nossa subsistência diária.

Um dia, quando eu meditava sobre este versículo, o Espírito Santo trouxe a revelação para o meu espírito que me fez compreender o que Jesus disse:

"Pedis e não recebeis, porque pedis mal " significa que não recebemos o que pedimos porque não pedimos de acordo com os planos de Deus e propósitos para nossas vidas. O Salmo 139 diz:

"Os teus olhos viram o meu corpo ainda informe, e no teu livro todas estas coisas foram escritas" (Salmo 139: 16)

Antes mesmo de sermos concebidos no ventre de nossa mãe, Deus já havia nos visto. Em seu livro Deus já escrevera o que nos tornaríamos em nossa vida. Deus já planejou nosso destino:

"Antes que eu te formasse no ventre, eu te conheci; e, antes que saísses da madre, te santifiquei e às nações te dei por profeta" (Jeremias 1:5).

Antes de nascermos, Deus já tinha visto o nosso final!

Quando Jesus nos diz *"pedis mal"*, ele se refere a pedir coisas contrárias aos seus planos para nossas vidas, pois já estamos na agenda divina de Deus. Isso acontece por várias razões, e a mais relevante é porque desconhecemos seu propósito.

Não sabemos porque fomos criados e qual a nossa missão no Reino de Deus. Eu lhe darei um exemplo: se dentro dos planos de Deus para nossas vidas Ele desejar nos usar para trazer reavivamento à cidade onde residimos e, não reconhecermos este plano, poderíamos orar por um emprego e enquanto oramos com este propósito, descobrimos no jornal de que há uma vaga para o mesmo tipo de trabalho que estamos procurando e com excelente salário, mas em outro estado ou país distante do território onde Deus deseja nos usar.

E como não reconhecemos este propósito de Deus, decidimos começar a jejuar e orar por aquele trabalho.

Meses depois de perseverarmos em oração e jejum, descobrimos que esse trabalho pelo qual havíamos orado, foi entregue a outra pessoa. Este fato tem um impacto em nossa fé. Somos enfraquecidos espiritualmente. Faz-nos perder a confiança na eficiência da oração e pensar que Deus não nos escuta, quando na realidade é exatamente o oposto!

Como vocês devem ter percebido neste exemplo, nossa oração era para um emprego. Esta é uma petição genuína e necessária, pois todos nós precisamos de algum meio de subsistência, mas pedimos algo contrário ao plano perfeito de Deus para nós. Então o plano de Deus era nos entregar este território e nos dar um ministério frutífero por lá, e assim, consequentemente, supriria nossas necessidades físicas de maneira abundante. Foi por este motivo que nossa oração por aquele trabalho não foi atendida.

Pedimos mal quando pela falta de reconhecimento do plano de Deus para nossa vida, pedimos algo que não corresponde aos propósitos de Dele e quando pedimos coisas que retardarão o cumprimento deste propósito.

Suponhamos que Deus tenha nos dado este trabalho e é provável que tudo corra bem; mas retardaria o cumprimento de seu propósito, pois nos distanciaria do plano que Deus estabeleceu para nos abençoar.

"Porque eu bem sei os pensamentos que penso de vós, diz o SENHOR; pensamentos de paz e não de mal, para vos dar o fim que esperais" (Jeremias 29:11).

QUANDO ORAMOS FORA DA ESTAÇÃO

Também pedimos mal quando pedimos fora da estação. Às vezes oramos e jejuamos por coisas que Deus determinou que receberemos em um tempo e ponto específico em nossas vidas.

Por exemplo, Deus havia falado que o povo de Israel seria escravizado por quatrocentos anos no Egito. Posso imaginar que durante aquele período de escravidão, o povo de Israel conduziu eventos de oração e jejum com o objetivo de que Deus os livrasse de seus opressores.

Contudo, só depois do tempo determinado por Deus para trazer libertação ao povo de Israel é que foram finalmente libertos do cativeiro dos egípcios.

Ouviu Deus a oração do povo de Israel? Claro que ouviu, mas a manifestação daquela resposta só veio no tempo que Deus havia preparado e determinado.

Portanto, a importância do mandado de Jesus quando nos pede que sejamos constantes em oração até que vejamos a manifestação de nossa resposta.

Também podemos pedir fora da estação quando oramos a Deus por coisas que Ele nos reservou para ser entregues em outra estação de nossas vidas!

Por exemplo, quando passamos por um processo ou em nossa caminhada pelo "deserto". Os desertos são estações estrategicamente criadas por Deus para nos preparar, equipar e nivelar todas as extremidades e superfícies de nosso ser, para trabalhar em nosso caráter e em tudo que possa interferir no cumprimento de seu propósito em nossas vidas.

Muitas vezes, quando estamos "no processo", começamos a nos sentir desesperados e começamos a orar para o que Deus tem nos reservado e que nos será entregue quando sairmos desses períodos. Então, quando não recebemos uma resposta para nossas petições, nos desapontamos com a oração e achamos que Deus não nos escuta.

A realidade é que é tão imenso, sublime e especial o que Ele deseja colocar em nossas mãos, que primeiro nos prepara, equipa e nos dá o caráter adequado; e que em contrapartida nos assegura a permanência e o bom uso de suas bênçãos.

Uma bênção prematura ou fora do tempo certo pode, na verdade, se tornar uma maldição.

Muitos de vocês que são pais desejam comprar para seus filhos coisas como carros, casas, joias e outros bens de valor, etc. Contudo, você ainda não o fez porque está à espera do momento certo ou da idade adequada. Isso é para garantir que seu filho ou filha possa adquirir a maturidade e a noção de valor e assim seja capaz de assimilar e manter aquele item de importância.

A mesma coisa acontece com Deus. Ele sempre nos escuta, sempre nos responde, mas existem respostas que Ele deixa em espera, aguardando pelo momento certo para que seja manifestada em nossas vidas.

QUANDO ALTERAMOS A ORDEM ESTABELECIDA

Outra razão que nos leva a não obter a resposta quando oramos ou pedimos mal é quando pedimos por coisas que devem ser precedidas por eventos ou situações que ainda não aconteceram.

Por exemplo, às vezes Deus coloca em nosso espírito algo que será uma bênção para o Reino. Suponhamos que este algo é a publicação de um livro. Então, ao invés de darmos um salto de fé e começarmos a trabalhar no que Deus nos disse para fazer, decidimos começar a orar pela expansão de nosso ministério para que as nações sejam entregues em nossas mãos etc.

Quando percebemos que apesar de nossa oração e jejum, não podemos ver a manifestação de nossa resposta, então paramos de orar e perdemos a esperança.

O que Ele espera é que ousemos dar os passos de obediência e fé; vamos escrever o livro, publicá-lo e este será aquele que abrirá as portas das nações, algo que temos orado por tanto tempo!

Nossa petição já foi respondida. Tudo que permanece é que ousemos dar os passos de obediência que Deus nos pede a fim de recebermos a manifestação visível de nossa oração.

Enquanto esperamos por Deus, Ele espera por nós. Ele não é aquele Deus que não tem respondido, mas o fato é que não fizemos a parte do trabalho que nos cabia.

A FALTA DE COMPROMETIMENTO

Outro erro que cometemos quando oramos é quando pedimos coisas a Deus que estão reservadas para níveis espirituais nos quais ainda não nos encontramos.

Por exemplo, pessoas que passam anos em oração para que o Senhor as coloque em uma posição de liderança em suas igrejas. Ou outras que desejam que Deus as use através de grandes milagres e maravilhas sem sequer assumir o comprometimento adequado para tal.

Em outras palavras, essas pessoas não operam sob os princípios do Reino, não se submetem à autoridade e não estão envolvidas com o trabalho de suas igrejas. Vão à igreja quando querem e vivem uma vida espiritual pela metade sem assumir um comprometimento sólido com a causa.

Tais pessoas podem começar a perder a fé na eficácia da oração quando observam que suas respostas não foram manifestadas. A realidade é que existem níveis no mundo do espírito que estão reservados apenas para aqueles que "pagaram o preço" da obediência, integridade, comprometimento etc.

É contrário ao caráter divino de Deus que Ele deposite o peso de sua glória em pessoas que não assumiram o compromisso de serem fiéis a Ele e ao seu Reino aqui na terra.

QUANDO OPERAMOS SOB CÍRCULOS DE MALDIÇÕES

Outra situação que pode bloquear as respostas de nossas orações são as maldições hereditárias ou os círculos de maldições.

Podemos passar muito tempo orando para que o Senhor supra nossas necessidades financeiras para atender algo que precisamos. Uma vez que Deus envie esta resposta, se estivermos a operar sob círculos de maldições hereditárias de pobreza, sempre haverá um meio para o escoamento dessas finanças que lhes manterão submergidos em escassez ou miséria.

Ao vermos que, embora oremos, nossa situação não muda, culpamos a Deus por não nos ouvir. A realidade é que precisamos ser libertos de nossas maldições hereditárias para que as bênçãos possam fluir ininterruptamente.

Outra situação que impede a resposta de nossas orações de serem manifestadas são os círculos de maldição que foram estabelecidos sobre nossas vidas através de palavras.

Uma área que precisamos controlar melhor, se desejarmos orar com mais eficácia, é termos mais cuidado com as palavras que usamos para nos expressar. Não importa quanto oremos jejuemos etc., se o que sai de nossa boca diariamente é contrário às promessas de Deus.

Em outros termos, quando falamos palavras negativas tais como: derrota, fracasso, dúvida, desespero, maldição, ansiedade, etc., estamos a fortalecer círculos de maldição através destas palavras que constroem paredes espirituais e nos impedem de receber os benefícios que vem do Reino de Deus e que bloqueiam nossa resposta.

Também, quando falamos sobre nossa fé e começamos a declarar as verdades do Reino, estas palavras de fé constroem paredes à nossa volta que servem de muros e cercas espirituais e nos mantêm protegidos contra os ataques do inimigo.

Outro aspecto danoso, também exercido por maldições hereditárias sobre a manifestação de nossa resposta, é que tais maldições nos levam a viver uma suposta vida cristã em pecado, sempre nos desviando do caminho.

Isso significa que estamos presos por causa dos pecados que exerceram autoridade sobre nossa família de geração a geração; e não importa o quanto lutemos, caímos em suas garras repetidamente.

O fato de que sempre caímos no mesmo comportamento pecaminoso mantém as portas abertas para o reino das trevas e permite interferência contínua ou o bloqueio de nossas bênçãos. Isso inclui a manifestação de nossas respostas de orações que submetemos ao trono de Deus.

Esta é uma das principais razões pelas quais Deus nos pede que vivamos nossas vidas longe do pecado.

ORAÇÕES MOTIVADAS PELAS RAZÕES ERRADAS

Outra situação que pode nos impedir de recebermos uma resposta para nossas orações é quando abordamos o trono de Deus, mas com as motivações erradas.

Quando pedimos algo a Deus em oração, Ele avalia nossas motivações e o que nos fez pedir por aquela determinada coisa. Lembre-se, seja lá o que Deus nos dá é de bênção.

É contrário à sua natureza nos dar algo que nos ferirá ou a outros. Portanto, Ele sempre assegurará que estejamos prontos para receber aquilo que pedimos. Deus quer ter certeza de que sua bênção será uma verdadeira bênção em nossas vidas e na vida das outras pessoas e se somos movidos pelos fatores motivacionais corretos.

Se nossos pedidos de orações são feitos com intenções ruins, para nutrir o ego, para ostentar diante dos outros ou para obter dinheiro para humilharmos aos outros, ir além ministerialmente para obtermos fama, etc., então abordamos o trono de Deus com as motivações erradas.

Sempre que abordamos a Deus com alguma petição é importante que nos perguntemos duas coisas: Por que estamos a apresentar estes pedidos em oração? O que nos motiva? De que maneira nossa petição beneficiará o Reino de Deus aqui na terra e nossa vida espiritual?

O USO INCORRETO DAS ARMAS ESPIRITUAIS

Uma das principais razões pelas quais não vemos as respostas de nossas petições é porque não utilizamos o tipo de oração correta de acordo com nossa necessidade, ou petição ou de acordo com a escala de ataque com a qual nos deparamos naquele momento, etc.

Às vezes somos atacados pelas mesmas doenças, divórcio, problemas financeiros, etc., que têm estado em operação em nossa família por gerações. Começamos a orar diariamente, nos ajoelhamos e choramos na presença do Senhor. Embora essa seja uma forma eficaz de abordarmos o trono, não é a armadura adequada para tais tipos de guerras.

Seria adequado usar a oração de renúncia. Peça perdão e renuncie aqueles pecados hereditários que trouxeram a guerra para sua família e os ordene que saiam de sua vida em nome de Jesus.

A mesma coisa acontece com o restante de nossas orações. Começamos a usá-las sem saber se é a oração certa para aquele tipo de ataque com o qual nos deparamos naquele momento e, muitas vezes, usamos a oração em uma situação que não corresponde à necessidade. Em geral, usamos a mesma armadura para todos os tipos de ataques, independentemente da escala ou intensidade dele.

COMO ORAR CORRETAMENTE

"E da mesma maneira também o Espírito ajuda as nossas fraquezas; porque não sabemos o que havemos de pedir como convém, mas o mesmo Espírito intercede por nós com gemidos inexprimíveis." (Romanos 8:26)

No início deste livro, mencionei algumas razões importantes pelas quais não pedimos corretamente, mas a principal delas é porque desconhecemos nosso propósito, a razão pela qual viemos a este mundo. Não sabemos quais os planos do Pai para nossas vidas.

Por esta razão, a importância da oração, jejum, louvor e adoração. É através destes caminhos que abordamos o Pai e os mistérios do Reino que são revelados a nós através do Espírito Santo.

A Bíblia nos ensina no Livro de Coríntios que o Espírito Santo escrutina o segredo do Pai. Ele vai na frente e traz o conhecimento dos planos do Pai para nós. Uma das atribuições do Espírito Santo é nos fazer saber estes segredos através dos *direitos legais* que lhe concedemos para intervir em nossas vidas através da oração e adoração ao Pai (1 Coríntios 2:10).

A palavra de Deus diz: *"E aquele que examina os corações sabe qual é a intenção do Espírito; e é ele que segundo Deus intercede pelos santos"* (Romanos 8:27) e *"E da mesma maneira também o Espírito ajuda as nossas fraquezas; porque não sabemos o que havemos de pedir como convém, mas o mesmo Espírito intercede por nós com gemidos inexprimíveis" (Romanos 8:26).*

A Palavra ainda nos ensina a pedir de maneira conveniente, conforme a agenda do Pai para nossas vidas. Isto é, o Espírito Santo nos ensina a pedir por coisas que nos aproximam cada vez mais do destino que Deus tem preparado para nós e não por coisas que nos distancia desse destino ou propósito.

Pedir corretamente está intrinsecamente relacionado a pedir a Deus por coisas que nos aproximam cada vez mais dos planos Dele para nossas vidas. E a grande pergunta agora seria: como sabemos quais os planos de Deus para nossas vidas a fim de pedirmos conforme devemos?

Este plano só pode ser revelado pelo Espírito Santo, quando tiramos tempo com ele em oração.

O Espírito Santo também pode revelar os planos de Deus a nós através de sonhos e / ou visões ou através de seus profetas.

Quando o Espírito Santo fala às nossas vidas através de seus profetas, o que o profeta faz é decifrar os códigos secretos do Pai encontrados em nosso espírito, e o Espírito Santo os ativa, de modo que podemos descobrir o potencial que o Pai colocou em nós antes de nascermos.

Convém mencionar que como o Espírito Santo revela nosso propósito, ele também nos ensina a pedir corretamente. Por este motivo, é comum quando estamos na presença de Deus, em alguma jornada de oração, jejum e adoração, etc., às vezes não pedirmos por nossas necessidades. Só sentimos vontade de adorar. Também poderá ser o caso de sentirmos um forte desejo de jejuar, embora não compreendamos o porquê.

Também acontece que em certas ocasiões vamos à presença de Deus com a intenção de fazermos uma oração de batalha espiritual e de repente nos encontramos de joelhos e em pranto diante Dele.

Ou quando tentamos orar em nossa própria língua, e sempre que demonstramos nossa intenção, não conseguimos e sentimos uma enorme necessidade de orarmos em línguas estranhas.

Isto é o Espírito Santo a nos ensinar como devemos pedir. De acordo com nossas necessidades, circunstâncias, e, sobretudo, de acordo com os propósitos de Deus para cada um de nós.

Minha recomendação é: sempre se permita ser guiado por ele, pois ele sempre nos guiará em toda verdade e justiça.

"Mas, quando vier aquele Espírito da verdade, ele vos guiará em toda a verdade, porque não falará de si mesmo, mas dirá tudo o que tiver ouvido e vos anunciará o que há de vir" (João 16:13).

ORAÇÃO

Deus conhece o que precisamos antes de pedirmos. Através da oração, entregamos a Deus o direito legal para que de uma maneira sobrenatural Ele intervenha em nossa situação.

Por muitos anos fomos ensinados que orar era simplesmente conversar com Deus. Além disso, que oração também era uma conversa que podíamos ter em silêncio ou calmamente, pois não era necessário orarmos em alta voz para que Deus nos escutasse. Esta era uma grande verdade, mas na realidade, uma verdade parcial.

A oração em nossos corações é apenas um tipo de oração dentro de uma vasta gama de orações que existem.

O INTERCESSOR

Quando pensamos em um homem e uma mulher de oração, não conseguimos deixar de pensar naquela velhinha pobre, cheia de problemas, talvez analfabeta que sempre chega à igreja antes do culto para interceder, mas sempre sai sem ser percebida. Ninguém quer conversar com ela, pois entendem que ela não tem mais nada a contribuir, exceto seus muitos problemas, motivos pelos quais ela ora tanto.

Por muito tempo, foi ensinado que oração era algo monótono, repetitivo e que só era exercida em circunstâncias de necessidades, como quando estamos em situações difíceis ou problemas e que em nossa condição humana não seríamos capazes de resolver.

Também nos foi ensinado que devemos repetir as mesmas orações *até* que Deus nos responda, pois isso seria ser constante em oração " *perseverai na oração;* " *(Romanos 12:12)*.

Como resultado destes ensinamentos, os cultos de oração em nossas igrejas se tornaram menos frequentados por seus membros. Na sua maioria se tornaram tão entediantes que as pessoas pegavam no sono, geralmente. Toda essa situação nos levou a acreditar que nos cultos de oração temos apenas os velhos que oram e que a juventude da igreja precisa fazer alguma coisa mais interessante.

O QUE É SER UM VERDADEIRO INTERCESSOR

Felizmente, nenhuma das características que acabei de mencionar descrevem um intercessor.

Um intercessor é alguém ungido por Deus para trazer o céu para a terra. Este é o motivo pelo qual a oração modelo deixada para nós por nosso Senhor Jesus Cristo diz: " *Venha a nós o vosso Reino*".

Pedimos que o governo do céu seja estabelecido na terra.

Outra tarefa do intercessor é garantir que a vontade de Deus seja estabelecida na terra: *"Seja feita a vossa vontade, assim na terra como nos céus" (O Pai Nosso).*

Outra função do intercessor é guiar as pessoas através da intercessão a fim de alcançarem o propósito ou a vontade de Deus para alguém, um ministério ou uma nação.

O intercessor é alguém que tem livre acesso ao mundo espiritual. Este livre acesso lhe permite ver a dinâmica humana da perspectiva espiritual.

Talvez, você ficará surpreso se eu te dissesse que um grande percentual de situações diárias com as quais devemos lidar como seres humanos têm uma origem espiritual.

"Porque não temos que lutar contra carne e sangue, mas, sim, contra os principados, contra as potestades, contra os príncipes das trevas deste século, contra as hostes espirituais da maldade, nos lugares celestiais. (Efésios 6:12)."

Este versículo explica a razão para os constantes conflitos com os quais nos deparamos constantemente como seres humanos. Ele ressalta o fato de que sempre falhamos em nossas lutas no mundo físico, porque não lutamos primeiro em nossas batalhas no mundo espiritual.

De volta à tarefa do intercessor, ele é o destinatário das estratégias de guerra, do Espírito Santo, para dirigir as pessoas nas conquistas de suas vitórias.

O intercessor é aquele que conquista reinos e nações, que resgata do reino das trevas, territórios que têm estado sob opressão e maldições.

O intercessor é o mediador que toma as necessidades do povo ou nação e as apresenta ao Pai. Ele então toma a resposta de Deus e entrega às pessoas ou nação.

O intercessor também traz uma virada e transformação sobre finanças, ministérios, família, ciclos de maldição, nações, opressões, doenças, etc.

O intercessor declara a palavra e estabelece a vontade do Reino de Deus sobre uma pessoa, nação e / ou ministério.

TIPOS DE ORAÇÃO

ORAÇÃO INTERCESSÓRIA

"Orando em todo tempo com toda oração e súplica no Espírito e vigiando nisso com toda perseverança e súplica por todos os santos" (Efésios 6:18).

A oração intercessória é uma das orações mais praticadas pelos crentes. Acho que todos nós já dissemos alguma vez na vida: *"vou orar por vocês"*. Este ato de se apresentar diante de Deus em oração por alguém é uma oração intercessória.

Fazemos uso da oração intercessória quando oramos em favor de uma ou mais pessoas ou nação a fim de pedirmos a intervenção divina de Deus, por uma situação em particular ou por alguém que esteja em necessidade.

Embora a oração intercessória seja um dos grandes mandamentos deixados pelo Senhor Jesus, quando ele disse *"orai uns pelos outros (Tiago 5: 16)*, às vezes fazemos uso indevido desta arma espiritual. Muitas vezes, tendemos a dizer: *" não se preocupe, estou com você em sua batalha"*, quando na verdade, se você está a interceder por outras pessoas, isso não significa que nos livraremos das aflições delas. Cada pessoa deve crer em Deus para sua própria virada, seu próprio momento de transformação que mudará completamente sua situação.

O ato de interceder uns pelos outros, significa estar em um ato de unidade, reunido em fé com os outros, sob o mesmo poder de concordância para que uma transformação, uma virada na situação seja produzida. *"Também vos digo que, se dois de vós concordarem na terra acerca de qualquer coisa que pedirem, isso lhes será feito por meu Pai, que está nos céus (Mateus 18:19).*

ORAÇÃO DE BATALHA ESPIRITUAL

"Então disse o Senhor a Moisés: Por que clamas a mim? Dize aos filhos de Israel que marche. E tu, levanta a tua vara, e estende a tua mão sobre o mar, e fende-o, para que os filhos de Israel passem pelo meio do mar em seco" (Êxodo 14: 15-16).

No início deste livro mencionei os tipos de oração que são conversas entre a pessoa e Deus. Esses tipos de oração podem ser feitos em qualquer lugar ou em qualquer momento. Podemos fazer em silêncio ou em nossos corações e sabemos que não perderá sua eficácia. Deus sempre escuta nossas orações!

Porém, a oração de guerra espiritual é única. Na verdade, este tipo de oração é uma das armas mais poderosas que temos como crentes contra o reino das trevas.

É através da oração de guerra espiritual que ativamos o ministério dos anjos para que eles ajam em nosso favor.

Este tipo de oração deve ser realizado em voz audível. Na oração de guerra espiritual não falamos apenas com o Pai. Também utilizamos a autoridade que nos foi delegada através do Espírito Santo para exercer poder sobre o reino das trevas.

"Mas recebereis a virtude do Espírito Santo, que há de vir sobre vós" (Atos 1:8).

A palavra poder significa autoridade para operar em alguma coisa ou alguém. Muitos crentes não estão certos quanto à autoridade que temos em Cristo Jesus. A Bíblia nos ensina algumas palavras poderosas que Jesus disse aos seus discípulos: *"Na verdade, na verdade vos digo que aquele que crê em mim também fará as obras que eu faço e as fará maiores do que estas, porque eu vou para meu Pai" (João 14:12).*

Se alguma coisa pôde definir o ministério de Jesus foi seu poder divino. Lemos sobre como ele exerceu autoridade sobre todas as coisas, incluindo demônios, doenças e até mesmo a natureza em si. Por exemplo, quando Jesus secou a figueira e a tornou infértil ou quando acalmou a tempestade (Mateus 8:23-37 – Lucas 13: 6-9).

Antes de continuar, gostaria de esclarecer que nenhuma oração é melhor que a outra. Todas as orações usadas no momento certo e na situação certa são igualmente eficazes.

Há momentos em nossas vidas que devemos pedir ao Pai em oração, mas há outros nos quais precisamos nos mover para uma oração de batalha espiritual, o que significa exercer a autoridade que nos foi concedida sobre todas as potestades do mal.

"Eis que vos dou poder para pisar serpentes, e escorpiões, e toda a força do Inimigo, e nada vos fará dano algum" (Lucas 10:19).

Exemplos de oração de batalha espiritual: "Espírito de vício de drogas, eu te repreendo e te proíbo de exercer autoridade sobre meu filho"

"Eu ativo o ministério dos anjos de guerra contra toda força demoníaca que tem se levantado contra meu casamento."

"Eu repreendo todos os planos demoníacos levantados contra minhas finanças."

"Eu anulo todas as revoltas do reino das trevas que são contrários aos propósitos de Deus para minha vida".

Este ato de falar de maneira específica e direta às forças do mal é o que chamamos de guerra espiritual ou oração de batalha espiritual.

APRENDA A EXERCER AUTORIDADE SOBRE O REINO DAS TREVAS

Muitas vezes achamos que o mundo físico é o mais realista que existe, pois é aquele que conhecemos, o único que podemos ver, tocar e perceber. Com frequência esquecemos que existe um mundo muito mais real que o mundo físico: o mundo espiritual. Este mundo, assim como o mundo físico é governado por regras e leis.

Tanto o reino das trevas, como o Reino da Luz são extremamente organizados. Por exemplo, no Reino da Luz as funções e responsabilidades são bem definidas:

Existe o Pai: Deus supremo e criador de todas as coisas (João 1: 1-5).

Existe o Filho: Advogado, Mediador entre Deus e o Homem (I Timóteo 2:5).

Existe o Espírito Santo: Consolador, guia, aquele que revela o coração do Pai (João14:26).

Existem os anjos: espíritos ministradores enviados ao nosso serviço (Hebreus 1:14).

No Reino da Luz, ao qual pertencemos, existem diferentes tipos de anjos. Há o anjo Gabriel, a quem a Bíblia sempre apresenta no papel de um mensageiro ou portador de boas novas. Foi ele quem deu as boas novas a Maria de que ela estava grávida (Lucas 1: 26-38).

Também, o anjo Gabriel foi aquele que deu as boas novas a Zacarias sobre a gravidez de sua esposa Isabel, bem como o nascimento de João Batista (Lucas 1:18-19).

Existem os Querubins, (Gênesis 3:24), Serafins (Isaías 6:2), o anjo do Senhor (Salmos 34:7, Juízes 6:12 e 13:3).

O reino das trevas é também organizado sob uma ordem hierárquica; existem os principados, as potestades do mundo das trevas, governantes do mal e forças espirituais (Efésios 6:12).

Também, no reino das trevas existem os anjos do mal (Mateus 25: 41). Lembre-se quando Satanás foi expulso do céu por ter sido achado nele o mal; a palavra diz que um terço dos anjos se foram com ele (Apocalipse 12:4 e 9).

Faço toda essa recontagem para que você possa ter uma ideia melhor do mundo espiritual e da nossa posição neste mundo que raramente conhecemos.

As escrituras nos dizem que quando Cristo morreu na cruz e ressuscitou, *toda autoridade lhe foi dada no céu e na terra" (Mateus 28:18).*

Então, quando recebemos Jesus como Senhor e Salvador, somos empoderados por ele com tudo que ele é. Isso significa que temos o poder de operar em todas as coisas que ele operou. A Bíblia também nos diz que estamos sentados nos lugares celestiais com o Pai (Efésios 2:6), o que denota que reinamos junto com ele.

Um dos muitos poderes que um rei possui, o poder de comando, criar decretos, anunciar mandatos especiais, declarar novas leis e anular outras. Em outras palavras, somos participantes e herdeiros do mesmo poder que Jesus operou para exercer autoridade e domínio sobre toda criação, incluindo ter o poder sobre o reino das trevas.

Podemos proferir as palavras às situações, assim como Jesus o fez. Podemos ordenar aos espíritos malignos responsáveis por doenças, medo, escassez, etc., que deixem nossas vidas, assim como Jesus o fez, e as respostas serão iguais as suas. *"E eis que vos dou poder para pisar serpentes, e escorpiões, e toda a força do Inimigo, e nada vos fará dano algum"* (Lucas 10:19).

EXERCITAR NOSSA AUTORIDADE

"Meu povo perece pela falta de conhecimento..." (Oséias 4:6).

Há algum tempo atrás, ouvi uma história de um homem de poucos recursos que ganhou uma viagem em um cruzeiro. Quando chegou o dia de embarcar no navio, o homem preparou sua mochila com pão, presunto e suco.

Preparou alimentos para viagem de maneira que conseguisse passar pelos dias no cruzeiro bem alimentado. Quando chegou ao porto, logo se deparou com um pequeno grupo de pessoas que também haviam ganhado o prêmio.

O homem examinou cada uma das pessoas no grupo e viu que nenhuma delas trouxera alimentos. O homem pensou: " assim que entrar no navio vou esconder deles. Ninguém trouxe comida e o que eu trouxe é suficiente apenas para mim." E assim ele fez. Durante toda viagem ele evitou ser visto por seus pares.

Quando havia terminado a viagem, as pessoas do grupo perguntaram-lhe "Onde você esteve todos esses dias? Tentamos te encontrar, para se reunir ao grupo nos almoços e jantares no restaurante". O homem respondeu: "obrigado, mas eu não teria dinheiro para bancar pelo buffet e todos esses restaurantes".

Eles responderam: "não havia necessidade de você fazer isso, porque tudo estava incluído. O prêmio que ganhamos incluía o cruzeiro e todos os benefícios. "

Assim como este homem não conhecia os benefícios à sua disposição, nós crentes acessamos os benefícios do Reino de maneira escassa, monótona e parcial apenas, pois desconhecemos o que o Reino de Deus tem para a nos oferecer.

Conformamo-nos com pão e presunto quando existe um grande buffet preparado pelo Pai para nós, ao qual temos livre acesso. Neste grande cruzeiro chamado salvação, tudo está incluído!

Quando recebemos Jesus em nossos corações, não recebemos apenas os benefícios da salvação de nossas almas, mas também recebemos o poder para operar em milagres, libertação e cura, assim como Jesus o fez! Tudo está incluído em seu pacote.

É interessante ver como às vezes, passamos anos orando a Deus por coisas, quando na verdade já fomos capacitados por Ele, para ordenar a Satanás que solte e entregue o que nos pertence em nome de Jesus!

Muitas vezes reclamamos sobre situações que estão em operação em nossas vidas por muitos anos, sem saber que temos um milagre em nossas bocas.

Assim como Jesus falou à tempestade para que ela se acalmasse, nós, seus seguidores, temos a mesma autoridade para falar às nossas situações e produzir a mudança.

MUDAR A FORMA COMO FALAMOS

O fato de desconhecermos a autoridade que temos em Jesus nos faz ignorar, como resultado, o poder que emana de nossa boca através de nossas palavras. *"A morte e a vida estão no poder da língua; e aquele que a ama comerá do seu fruto" (Provérbios 18:21).* Como servos de Deus, temos o poder de abençoar ou amaldiçoar.

Poder para fortalecer os laços de maldição ou para se libertar deles. Muitas vezes uma mudança definitiva em nossa situação é encontrada em uma decisão: decidir como vamos usar nossas palavras. A conscientização daquilo que falamos ao longo de nossas vidas, reclamações, maldições, palavras de fracasso, medo ou intimidação. Nossas palavras são o resultado do que está em nossos corações e no que cremos. A Bíblia nos diz: *"porque em verdade vos digo que qualquer que disser a este monte: Ergue-te e lança-te no mar, e não duvidar em seu coração, mas crer que se fará aquilo que diz tudo o que disser lhe será feito" (Marcos 11:23).*

Esta realidade encontrada no evangelho não se limita a palavras positivas e bênçãos, também inclui as palavras negativas e de maldição que saem de nossas bocas.

Não seria sábio pensar que as palavras de um presidente ou governador não serão levadas em consideração se forem pronunciadas em momentos de raiva, tristeza, frustação ou embriaguez. As palavras de um chefe de estado ainda têm o mesmo valor e peso, apesar das circunstâncias nas quais foram pronunciadas.

Palavras têm valor e peso, dependendo da posição de autoridade de onde foram pronunciadas. Portanto, se a Bíblia disser que estamos sentados nos lugares celestiais próximo ao Pai e que somos reis e sacerdotes, então nossas palavras são comandos e decretos que possuem um peso profético (Efésios 2:6 - Apocalipse 1:6).

Quando falamos de nossas vidas ou de nossas situações de maneira negativa, estabelecemos inconscientemente coisas negativas e fortalecemos os ciclos de maldição que nos impedirá de alcançarmos a plenitude da vida que Deus projetou para nós.

Exatamente o oposto acontece quando proferimos palavras de fé sobre uma situação.

APRENDA A PROFERIR PALAVRAS DE FÉ SOBRE UMA SITUAÇÃO.

"Mas se crer que se fará aquilo que diz, tudo o que disser lhe será feito" (Marcos 11:23).

Seres humanos passam por diversas situações. Existem situações em nossas vidas que são o produto direto de decisões ruins que tomamos no passado; outras são resultadas de maldições hereditárias; e ainda, existem situações que são criadas por nossas palavras descuidadas.

Muitas vezes, as pessoas acham que proferir palavras de fé sobre suas situações é surrealista e dizem: " não falo de maneira negativa, digo meramente a verdade sobre minha situação."

O termo adequado deveria ser: "falo meramente a realidade daquilo que percebo no mundo físico".

Como crentes, não fomos chamados para andar por vista, mas por fé (2 Coríntios 5:7). Proferir palavras de fé sobre uma situação significa estabelecer o que Deus tem dito, apesar de qualquer circunstância adversa pela qual passemos.

Esta é uma poderosa arma contra os ataques do inimigo. Quando proferimos a palavra de fé sobre uma situação, colocamos a palavra de Deus em posição de supremacia sobre todas e quaisquer circunstâncias. Mais importante, estamos honrando o que Deus tem dito de que este ato denota que cremos em suas palavras, sobre toda adversidade e isso se chama fé.

Fé é tudo que Deus precisa para que os milagres aconteçam!

A INTERCESSÃO PROFÉTICA

Esta é uma das ferramentas mais inteligentes da batalha espiritual.

Através da oração, pedimos a Deus que intervenha em nossa situação, mas quando nos movemos da oração para a batalha espiritual mudamos nossa posição à frente da batalha. Guiados por Deus, pelo Espírito Santo, amparados pela autoridade que nos foi delegada através de Jesus e sua morte na cruz, podemos encarar estes principados, forças do mal, potestades das trevas, etc.

Podemos agora exercer autoridade sobre elas e lhes tirar nosso objeto de interesse: territórios, saúde, finanças, etc. Este ato de usarmos nossa autoridade através da intercessão profética é alcançado quando o intercessor profético decreta ou estabelece o que ele / ela deseja que aconteça sobre determinada pessoa, nação ou até mesmo certa situação.

Profecia significa prever, anunciar ou trazer algo à existência para que seja estabelecido. Estabelecer algo significa impor a verdade sobre uma situação existente. Decretar significa ordenar ou autorizar.

O que torna a intercessão profética uma arma tão ponderosa é que através deste tipo de oração enviamos uma mensagem clara ao reino das trevas, de que sabemos quem somos em Deus, que compreendemos nossa posição no Reino de Deus e que reconhecemos o nível de autoridade que nos foi dado.

Apesar do fato da intercessão profética poder ser uma arma tão eficaz nas mãos de um crente, infelizmente, muitos têm dificuldades em lhe dar o uso adequado. Com frequência ouvimos comentários como:

"Só Jesus pode confrontar os principados."

"A autoridade para operar através de decretos e milagres é algo do passado."

Muitas vezes, o inimigo nos faz acreditar que não temos autoridade; que somos tímidos pecadores e que fomos apenas salvos pela graça. Em outros casos, se o crente teve um passado difícil antes de receber a Jesus, o inimigo os ataca com pensamentos, culpas tais como:

"Cometi tantos pecados que não acredito que esta autoridade é para mim."

"Será que Deus perdoou todos os meus pecados?"

"Preciso ter mais anos de fé para poder receber tal autoridade."

Esquecemos o provérbio que diz: quem sai aos seus não degenera; e que como filhos de Deus somos pequenos deuses, salvos pela graça através da fé, capacitados por Deus para operar na mesma dimensão que Jesus o fez.

Outra razão que faz da intercessão profética uma arma tão poderosa é que através dela suprimimos a autoridade das forças das trevas para operar sobre nações, pessoas, ministérios, etc.

Através da intercessão profética, trazemos outras transformações. Mudamos os sistemas de operação sobre países, governos, etc. Anulamos maldições em famílias, indivíduos e nações. Liberamos projetos paralisados, quebramos ciclos de idolatria e iniquidade que operam sobre pessoas e nações. Estabelecemos propósitos do Reino sobre nossas vidas, nações e ministérios.

A ORAÇÃO APELATIVA.
DEUS COMO JUIZ

"Julga-me segundo a tua justiça, SENHOR, Deus meu, e não deixes que se alegrem de mim" (Salmos 35:24).

Eu ousaria dizer que este tipo de oração é a menos usada, mas nem por isso menos eficaz. Muitos conhecem a Deus como Pai, como Rei, amigo e provedor etc. Mas por alguma razão, muitas pessoas se esquecem de que Deus, além de ser tudo isso, é também juiz sobre todas as coisas.

Como um juiz, uma de suas funções é avaliar situações a fim de proferir um veredito. *"Não faria justiça o Juiz de toda a terra? " (Gênesis 18:25).*

Quando Deus manifestou seus planos a Abraão e lhe falou que destruiria a cidade Sodoma, Abraão, de sua posição como intercessor, tentou apresentar a apelação de seu caso diante de Deus. Deus foi desafiado, como Deus justo, a explicar a Abraão, as razões que o levaram a ditar esse veredicto contra Sodoma (Gênesis 18).

Da mesma forma, nós como crentes, as vezes nos encontramos em situações em que devemos olhar para Deus como Juiz.

Assim também com Davi, quando se sentiu maliciosamente acusado pelo inimigo:

"Se paguei com o mal àquele que tinha paz comigo (antes, livrei ao que me oprimia sem causa), persiga o inimigo a minha alma e alcance-a; calque aos pés a minha vida sobre a terra e reduza a pó a minha glória" (Salmo 7:4-5).

O que Davi dizia em outras palavras: avalie o Senhor, como justo juiz que és, e se eu for culpado que a derrota venha sobre mim, que permita o inimigo alcançar a minha vida ou vencer-me.

O mesmo acontece quando alguém ora contra mim. O Senhor, de sua posição como juiz avalia nosso grau de culpabilidade no caso.

Lembre-se, um dos maiores atributos de Deus é a justiça. Este atributo o impede de ser parcial. *"Porque o Filho do Homem virá na glória de seu Pai, com os seus anjos; e, então, dará a cada um segundo as suas obras" (Mateus 16:27).*

Quando falamos de atributos, nos referimos à sua essência, àquilo que o caracteriza, que o torna Deus. Os atributos de Deus são imutáveis porque são um conjunto de características e qualidades que o compõem. Ele é imutável.

"Toda boa dádiva e todo dom perfeito vêm do alto, descendo do Pai das luzes, em quem não há mudança, nem sombra de variação" (Tiago 1:17).

A intercessão é uma ação que provoca a reação de Deus.

"Disse mais o SENHOR: Porquanto o clamor de Sodoma e Gomorra se tem multiplicado, e porquanto o seu pecado se tem agravado muito, descerei agora e verei se, com efeito, têm praticado segundo este clamor que é vindo até mim; e, se não, sabê-lo-ei" (Gênesis 18: 20-21).

Em outras palavras, Deus disse a Abraão: Eu preciso responder os intercessores que clamam e a cada dia as orações contra essas cidades se multiplicam. Como juiz, preciso ir até Sodoma e Gomorra e verificar (teste de avaliação) por mim mesmo as informações dos intercessores.

VOCÊ PODE APRESENTAR UMA APELAÇÃO DO SEU CASO JUNTO A DEUS

Outro aspecto que pode ser observado nesta mesma passagem do livro de Gênesis é que através da oração, nós crentes podemos apresentar uma apelação de nosso caso e expor diante de Deus nossas razões e pontos favoráveis.

Abraão apelou da decisão de Deus quando Ele comunicou sua intenção de destruir essas duas cidades. Abraão disse: *"E chegou-se Abraão, dizendo: Destruirás também o justo com o ímpio?" (Gênesis 18:23)*.

Mas não terminou ali. Então Abraão, como parte da argumentação do recurso, questionou a decisão de Deus utilizando como argumentação de defesa um dos atributos de Deus: a justiça divina, e ele diz:

"Não faria justiça o Juiz de toda a terra?" (Genesis 18:25).

E assim, Abraão continuou com sua intercessão de apelação até que Deus lhe informasse todas as argumentações que tinha contra aquelas cidades e suas razões para destruí-las.

Por isso, é essencial que como crentes, vivamos uma vida de integridade diante de Deus e dos homens.

Quando nós apresentamos diante do juiz de toda terra, o inimigo não tem argumentos válidos contra nós, e o justo juiz regerá a nosso favor enviando-nos as respostas de nossas petições.

A ORAÇÃO SILENCIOSA

É aquele tipo de oração que fazemos sem proferir palavras, apenas em nossos corações.

Acredito que todo crente já fez uso deste tipo de oração em algum momento, especialmente em uma entrevista de emprego, a espera de um diagnóstico em um consultório, em um tribunal ou na estrada, com as mãos no volante, etc.

Esse tipo de oração não deve ser confundido com situações em que vamos à presença de Deus e simplesmente não podemos orar porque nos sentimos angustiados; ou quando nos apresentamos apenas diante do Pai e não expressamos palavras por causa de nossas aflições.

A oração silenciosa é aquela que fazemos quando voluntariamente tomamos a decisão de falar com o Pai, em silêncio. Quer seja por estarmos em um local público e não desejarmos ser ouvidos ou por não querermos chamar atenção do reino das trevas com nossas petições, etc.

Esse tipo de oração é exclusivamente entre nós e o Pai; geralmente está baseada em uma petição que fazemos ao Pai para que intervenha de maneira sobrenatural em uma área específica de nosso interesse naquele momento.

Este tipo de oração é também usado quando precisamos da intervenção divina urgente e rapidamente para resolvermos uma situação imediata que não podemos esperar.

A ORAÇÃO DE ENTREGA OU RENDIÇÃO

Neste tipo de oração nos apresentamos diante de Deus com o coração aflito. A diferença para a oração silenciosa é que, na oração de rendição ou entrega, nossas palavras são audíveis.

Contudo, as palavras vêm acompanhadas do pranto. É uma oração geralmente feita de joelhos no chão ou no sofá.

É o tipo de oração que Ana, a mãe de Samuel, fez quando pediu a Deus um filho.

A palavra diz que as aflições desta mulher eram grandes, que não cansava de balbuciar, clamar e mover seus lábios em uma oração contínua silenciosa. Tão profunda era sua aflição, que Eli, o sacerdote, pensou que ela estava bêbada (1 Samuel 1: 12-17).

O poder da oração de renúncia ou entrega depende de nos apresentarmos diante do Pai como estamos, em total entrega e rendição a Ele. Deixamos que Ele saiba que não conseguimos realizar nada com nossas próprias forças e que precisamos de sua ajuda. Em outras palavras, quando nos rendemos a Deus, colocamos o veículo de nossa vida em ponto morto e permitimos que Ele assuma o controle absoluto de nossa situação, para que faça o que faz de melhor: tomar conta de nós.

ORAR EM ESPÍRITO

Esta é uma das experiências mais belas e espiritualmente mais engrandecedoras que podemos ter como intercessores.

Neste tipo de intercessão o Espírito Santo intercede através de nós em línguas.

Podemos começar a orar em nossa língua de origem e de repente, podemos sentir o controle do Espírito Santo em nossas palavras e nos vemos a interceder em uma língua desconhecida.

A Bíblia nos diz que o Espírito Santo nos ensina a pedir como devemos, de acordo com o propósito de Deus para cada indivíduo, mas também nos diz que o Espírito intercede por nós com gemidos inexprimíveis.

O Espírito Santo é um intercessor que não apenas nos ensina a orar como devemos, mas também intercede por nós diante do Pai e através de nós.

É este controle do Espírito Santo em nossas palavras que nos transporta a orar em outras línguas que definimos como orar em espírito.

São várias as razões pelas quais o Espírito Santo intercede por nós através da oração em espírito. Acredito que a principal razão para que este fenômeno aconteça que é o que me motivou escrever este livro em primeiro lugar) é para nos guiar na utilização da arma espiritual correta, de acordo com nossa situação e / ou petição.

Vamos lembrar que no Reino de Deus, o Espírito Santo opera como uma espécie de agente secreto. Ele nos revela os segredos ocultos do coração do Pai e nos conduz em toda verdade, justiça, nos instrui, nos reprova, nos contesta, corrige, etc.

Quando nos apresentamos em oração, antes de entramos no campo de batalha, a maioria das vezes não sabemos o que nos levou àquela situação ou a provocou.

Guerras, oposições, problemas ou situações com as quais temos que lidar não acontecem no vácuo. Alguma coisa deve ter provocado ou liberado estas circunstâncias, entre elas: decisões ruins, maldições hereditárias, quedas movidas pelo pecado, planos malignos, falta de perdão, raízes de amargura, entre tantas outras causas.

E enquanto ignoramos as fontes que originaram estes ataques, começamos a orar incorretamente. Apresentamo-nos diante do Pai em oração, mas não utilizamos a armadura correta, tampouco dirigimos nossos ataques ao alvo certo. Nem sequer sabemos as origens do ataque.

Quando o Espírito Santo intercede ao Pai através de nós, ele redireciona nossas orações para o alvo correto. Somos guiados pelo Espírito Santo para utilizar a armadura correta para aquele tipo de ataque pelo qual passamos.

Com tudo isso em mente, estamos mais bem equipados para batalha, não apenas porque temos as armas corretas para batalha, mas agora sabemos as raízes dos problemas e as razões pelas quais nos vemos diante dela.

Muitas vezes, quando o Espírito Santo assume o controle de nossas palavras e começamos a orar em outras línguas, embora não entendamos o que falamos, podemos ver que nosso estilo de oração mudou.

Começamos a orar com gemidos e prantos. Se iniciamos de joelhos, de repente nos levantamos como se para ordenar algo ou estabelecer as coisas em outra língua. Semelhantemente, se começamos em pé, de repente mudamos a postura, caímos de joelhos e começamos a clamar em voz alta, como se estivéssemos a pedir perdão a Deus em outras línguas.

Todas essas manifestações do Espírito Santo correspondem à sua missão de nos ensinar a usarmos as armas espirituais corretas de acordo com a batalha com a qual nos deparamos.

Por exemplo, se começarmos a orar por libertação de certos ataques financeiros e se os elementos que os desencadearam são maldições hereditárias de pobreza que não foram quebradas e, por esta razão ainda estão em atividade em nossas vidas, o Espírito Santo nos guiará primeiramente a pedir perdão a Deus por estes pecados hereditários, renunciá-los em nome de Jesus para que nossas orações não encontrem oposição e para que possamos obter as respostas.

Em outras palavras, o Espírito Santo nos guiará para que oremos na ordem correta, trazendo à luz do conhecimento qualquer coisa que esteja bloqueando a nossa resposta ou nos impedindo de viver uma vida vitoriosa.

Outro exemplo pode ser quando oramos pela expansão de nosso ministério por bastante tempo sem receber qualquer resposta. Vamos também imaginar que ao continuarmos a orar para este fim, ainda existam pecados recorrentes; ou que estamos simplesmente operando em algum tipo de recaída pecaminosa.

Essa falta de percepção do que está a bloquear nossas respostas pode estar relacionada àquele pecado que não confessamos ainda. É possível que enquanto oramos o Espírito Santo possa nos levar a confessar estes pecados.

Orar em espírito pode também nos trazer consciência de como estes pecados afetam nossas vidas física e espiritual e de que maneira nos impedem de receber a manifestação completa de nossas respostas.

A oração em espírito pode também ser uma forma do Espírito Santo nos ajudar a orar por uma situação que é desconhecida por nós. Lembre-se, Ele é o que nos conduz a toda a verdade.

Por exemplo: se algo maligno está sendo preparado para nós, se tivermos um inimigo desconhecido ou se um plano maligno tiver sido ativado em nosso nome, até mesmo um plano direcionado a nossa família, uma armadilha, uma conspiração contra nós e dos quais não somos sabedores.

O Espírito Santo então interfere em nossas orações para nos guiar e para que possamos pedir a intervenção do Pai que venha nos ajudar naquela situação que nos encontramos e da qual até aquele momento não temos o conhecimento.

Este tipo de oração pode também surgir como uma decisão pessoal ou porque o Espírito Santo falou ao nosso espírito para que intercedamos em línguas como uma estratégia de guerra, a fim de vencermos situações específicas.

ESTRATÉGIAS DE GUERRA

Geralmente dizemos que somos o *exército do Senhor*, mas nos esquecemos que os exércitos têm operado dentro de um conjunto de regras e disciplina que regulam a ordem organizacional desta instituição.

Os exércitos possuem generais e capitães, a quem os soldados devem obedecer e por quem devem permitir ser liderados. Também, quando diante da batalha, devem seguir uma série de estratégias a fim de alcançarem a vitória.

As estratégias são códigos secretos de comportamento, locais, reações, etc., conhecidas apenas pelos membros da equipe e criadas com o objetivo de atacar os pontos fracos do exército opositor. O objetivo é mais bem atingido, confundindo o inimigo pelo uso de códigos de comunicação secreta que não possam ser decodificados pelo exército oponente, etc.

Nós, como o grande exército do Senhor operamos sob regras similares! Temos um general, que é Deus, e regras que devemos seguir que são as Sagradas Escrituras. Também precisamos aprender como utilizar uma série de estratégias de guerra.

Estas estratégias de guerra são códigos secretos encontradas no coração do Pai, nosso General, sendo reveladas a nós pelo Espírito Santo, aquele que decifra todos os códigos secretos do coração do Pai e que nos garante a vitória sobre nosso oponente.

"Mas Deus no-las revelou pelo seu Espírito; porque o Espírito penetra todas as coisas, ainda as profundezas de Deus " (1 Coríntios 2:10).

Por toda a Bíblia, podemos ver como Deus se comunicou com seus servos para lhes dar estratégias. O Senhor deu estratégias a Josué quando lhe ordenou que rodeasse as muralhas de Jericó e assim o fizesse por seis dias. Deus instruiu a Josué para que levasse sete buzinas de chifre de carneiro diante da arca e que no sétimo dia rodeasse sete vezes a cidade. Deus também disse a Josué que no sétimo dia as muralhas ruiriam, e assim o foi (Josué 6).

Ele também deu estratégias de guerra a Josué quando lhe disse que tomasse doze pedras do Rio Jordão para que as águas se abrissem e permitisse que seu povo passasse por terra seca com a vitória sobre seus inimigos (Josué 4).

Deus deu a Abraão estratégias quando ordenou que ele andasse e todo lugar onde as solas de seus pés pisasse seria concedido aos seus descendentes (Gênesis 11:24).

Ele deu a Mardoqueu e sua sobrinha Ester, estratégias de guerra ordenando a Ester não declarar sua verdadeira nacionalidade, fazer três dias de jejum e preparar três banquetes. Com isso, obtiveram a vitória sobre seu inimigo Hamã (Ester 2:10 e 3:4-5).

Deus deu a Moises estratégias de guerra quando lhe disse que tocasse as águas do Mar Vermelho com seu cajado para que o povo de Israel pudesse passar em terra seca (Êxodo 14).

Deus sempre esteve interessado em nos dar estratégias através do Espírito Santo que nos garante uma vida vitoriosa.

O intercessor é um desses estrategistas da igreja de Deus que conhece como operar em guerra espiritual. Ele é aquele que capacita o povo através da revelação recebida do Espírito Santo, para que lute nas frentes de defesa e se protejam contra os ataques do inimigo. O intercessor é o estrategista da guerra espiritual para o Reino de Deus.

O LOUVOR E A ADORAÇÃO COMO ESTRATÉGIAS DE GUERRA

"E ele lhes disse: Quando orardes, dizei: Pai, santificado seja o teu nome; venha o teu Reino" (Lucas 11:2).

O louvor e a adoração são outras armas poderosas de guerra espiritual que estão disponíveis para o crente. Por muitos anos a Igreja não deu ao louvor e a adoração o devido lugar dentro da liturgia do culto e não ensinou a importância da adoração na vida do crente.

Adorar significa admirar, exaltar, reconhecer a grandeza e soberania de alguém ou alguma coisa. É também agradecer a alguém por alguma coisa recebida.

Por anos, o louvor e a adoração tiveram sempre a menor parte de um culto. A maior parte do tempo era reservada para pregação das palavras ou para o sermão, minimizando com isso uma parte essencial do serviço litúrgico.

Felizmente, o Espírito Santo trouxe revelação para a Igreja. Na atualidade, as igrejas não separam um momento especial para adoração, mas vemos músicos treinados, salmistas ungidos, etc., adorando nosso Deus com excelência.

Poder vivenciar com alegria um momento de adoração nas igrejas, é uma experiência de rendição e exaltação a Deus. Com esta nova experiência, todos nós descobrimos que não é necessário esperar até o sermão para que vidas sejam tocadas pelo Espírito Santo.

Através da adoração, vidas são restauradas e tocadas. No entanto, às vezes, como crentes, pensamos que esses níveis de adoração ao Senhor são reservados apenas para quando estamos no santuário ou quando estamos com um grupo de pessoas e músicos que nos motivem a adorar.

A verdade é que nosso grande Mestre Jesus nos ensinou que devemos adorar sempre que apresentarmo-nos diante do Pai em oração:

"E ele lhes disse: Quando orardes, dizei: Pai, santificado seja o teu nome; venha o teu Reino" (Lucas 11.1)

Este modelo de oração deixado por nosso Senhor Jesus Cristo nos ensina que primeiro o exaltamos e depois oramos. Não podemos fingir que somos intercessores eficientes se não somos em primeiro lugar, verdadeiros adoradores.

Esta oração modelo demonstra-nos, sobretudo, que depois de termos exaltado e adorado ao Pai, apresentamos nossa petição em oração: *"dá-nos cada dia o nosso pão cotidiano"* (Lucas 11:3).

POR QUE DEVEMOS LOUVAR E ADORAR ANTES DE INTERCEDERMOS

A adoração é o código secreto que abre os portões do céu e nos dá acesso ao lugar de nossas bênçãos.

Além de vir em primeiro lugar na ordem da oração que nosso Senhor nos deixou, é durante o momento de adoração que recebemos as estratégias de guerra que mais tarde utilizaremos para elevar nossas orações aos céus. Existem situações em nossas vidas que só são resolvidas através da adoração.

Um exemplo disto é encontrado no livro de Josué. O povo de Israel não derrubou as muralhas de Jericó através da oração, mas através da adoração. Quando entramos na presença de Deus em louvor e adoração, reconhecemos o poder e a majestade de Dele para trabalhar de maneira sobrenatural em uma situação.

A adoração também cria uma atmosfera de milagres e libertação. Quando adoramos em espírito e em verdade, o Espírito de Deus se manifesta. A manifestação do Espírito significa de que toda sua essência, aquilo que ele é, é liberado em nosso favor.

Através de nossa adoração também abrimos os céus, o que significa dizer que temos um fluxo de revelações. Os mistérios do Reino são revelados a nós. Céus abertos também significam livre acesso ao Pai, zero de oposição para enviarmos nossas petições e recebermos nossas respostas.

É através da adoração que os anjos do Reino da Luz são liberados ao nosso favor.

Por último, a adoração é a linguagem do céu. A Bíblia nos ensina que de dia e de noite os vinte quatro anciãos os adoram (Apocalipse 4).

Por isso foram criados, para adorá-lo. Lembre-se que somos um espírito que tem uma alma e que mora em um corpo. Nosso espírito, que é quem somos realmente, pertence ao Pai e retornará a Ele quando nossos corpos mortais morrerem (Eclesiastes 12:7).

Portanto, o melhor estado de nosso espírito é quando se encontra em adoração, o ponto de conexão entre nosso espírito e o Espírito do Pai. Adoração é a única coisa que Deus não pode fazer por si mesmo!

Costumo ouvir as pessoas dizerem, "eu trabalho tanto, gostaria de adorar mais, porém estou sempre muito cansado..." A Bíblia nos diz: "*Oferece a Deus sacrifício de louvor e paga ao Altíssimo os teus votos*" (Salmos 50:14). Davi também expressou: "*porque não tomarei o que é teu, para o SENHOR, para que não ofereça holocausto sem custo*" (1 Crônicas 21:24). Que nos lembremos que adoração é uma oferta que entregamos a Deus e cada oferta requer algum grau de sacrifício.

É também provável que a razão para que as pessoas se sintam cansadas para entrar em adoração, seja porque precisem se aproximar de Deus na adoração para que as estratégias de como ter sucesso e melhor administrar seu tempo sejam revelados a elas.

Isto é parte do trabalho do Espírito Santo. Quando permitimos a ele se comunicar com nosso espírito através da adoração, ele cuida para que nos seja revelado tudo que precisamos saber para que tenhamos uma vida de sucesso.

AÇÃO DE GRAÇAS COMO UMA ARMA DE GUERRA ESPIRITUAL

"Em tudo dai graças, porque esta é a vontade de Deus em Cristo Jesus para convosco" (1 Tessalonicenses 5:18).

Este é um dos versículos mais mal interpretados das Escrituras Sagradas. Considerando este versículo, todos nós em um momento ou outro da vida já fomos expostos a ensinamentos distorcidos. Conceitos tais como, não chore, não tente mudar as circunstâncias, devemos dar graças a Deus por tudo, até mesmo pelas tragédias. "

Esta interpretação tem-nos feito adotar uma atitude passiva e conformista quando diante de todos os eventos que acontecem à nossa volta. Também coloca Deus na posição de um carrasco cruel que nos fere constantemente em respostas às nossas aflições e ainda espera que lhe rendamos graças sempre. Isto não é verdade e não é a imagem de Deus. Muito pelo contrário!

O que então queremos dizer quando falamos em ação de graças como uma ferramenta de guerra espiritual? No Velho Testamento era comum para o povo de Deus construir um altar, dar graças ou adorar depois de Deus ter-lhes concedido uma vitória ou mesmo se

Ele respondesse uma petição. Temos por exemplo o caso de Noé quando Deus preservou sua vida e de sua família durante o dilúvio.

Quando a chuva passou, a primeira coisa que Noé fez foi construir um altar e dar graças (adorar).

"E edificou Noé um altar ao SENHOR; e tomou de todo animal limpo e de toda ave limpa e ofereceu holocaustos sobre o altar" (Gênesis 8:20).

Abraão também construiu um altar para dar graças depois de Deus ter lhe dito que faria de seus descendentes uma grande nação (Gênesis 13:18).

Davi também construiu um altar e usou a adoração como uma arma de guerra para deter a mortalidade no meio de seu povo que veio como consequência de ele ter contado o povo e desobedecido a Deus (1 Crônicas 21: 22-24).

Construir altar e render graças a Deus é uma prática que nos remete ao Velho Testamento. O poder desta prática se encontra no fato de que quando damos graças reconhecemos que temos recebido um favor de alguém, o qual não tínhamos mérito.

Espiritualmente falando, compreendemos que dar graças a Deus é uma arma espiritual poderosa por várias razões. Antes de mais nada, quando damos graças retiramos de nós mesmos todo crédito, reconhecemos e compreendemos que não foi por nossas próprias forças, muito pelo contrário, alguém fez por nós. Esta é uma forma de adoração.

Porém o que desejo que você compreenda é que não é apenas perceber o ato de dar graças, mas descobrir o poder desta ação antecipadamente. Em outras palavras, dar graças antes de ver as manifestações visíveis de nossa resposta. O segredo de dar graças a Deus antecipadamente é que ao fazermos, demonstramos um ato de fé pelo qual declaramos que confiamos no que Ele nos disse para fazer, mesmo sem termos visto nada ainda.

Dar graças ou adorar antecipadamente é também um ato que denota revelação sobre a onipotência de Deus. Reconhecemos que o futuro não existe Nele e que Ele é um eterno presente. Com isso, também reafirmamos que Ele não nos vê como estamos agora. Ele nos vê como o produto acabado (Salmo 139:16).

As Escrituras Sagradas declaram que somos a nação eleita, o sacerdócio real, a nação santa, o povo especial de Deus (1 Pedro 2:9). Assim, aos olhos de Deus, nós não seremos o sacerdócio real. Nós já somos! Ele não precisa que cheguemos aos céus para reinar com Ele a fim de que nos veja desta forma. Para Ele, já está feito!

Outro aspecto poderoso de darmos graças antecipadamente em meio a este ambiente de fé é que os espíritos da dúvida, medo, ansiedade e desespero etc., são amarrados e repreendidos, não podem operar. Dar graças antecipadamente também ativa o dom da fé que está em nós e que faz com que a mão do Senhor se mova em nosso favor. Lembrem-se, nada move a mão de Deus mais rápida e eficazmente em nosso favor que a fé.

Dar graças ou adorar antecipadamente também acelera e libera nossas respostas.

Toda vitória que lemos na Bíblia é precedida pelo evento da adoração. Adorar antecipadamente é o que acelera nossa vitória.

O ato de fé que envolve adoração e ação de graças antes de ver a manifestação de nossas petições no mundo físico é o que move a mão de Deus a nosso favor. Retornemos, pois, às Escrituras Sagradas, para a história de Ana, mãe do profeta Samuel:

"E levantaram-se de madrugada, e adoraram perante o Senhor, e voltaram, e vieram à sua casa, a Ramá. Elcana conheceu a Ana, sua mulher, e o Senhor se lembrou dela. E sucedeu que, passado algum tempo, Ana concebeu, e teve um filho, e chamou o seu nome Samuel, porque, dizia ela, o tenho pedido ao Senhor" (1 Samuel 1: 19-20).

Ana era uma mulher infértil. Contudo, quando recebeu as palavras profética de Eli, ela não esperou para ver a manifestação daquela palavra para começar a adorar e dar graças ao Senhor! Ela adorou antecipadamente *" E Deus se lembrou dela"* A adoração de Ana provocou sua resposta!

Como Deus não se lembraria de Ana, se o cheiro suave de sua oferta, (adoração), permanecia fresco na presença Dele. A Bíblia diz que Deus se lembra de nossas ofertas (Salmo 20:3).

Outra pessoa que adorou antecipadamente e acelerou sua vitória foi Gideão.

"E sucedeu que, ouvindo Gideão a narração deste sonho e a sua explicação, adorou; e tornou ao arraial de Israel e disse: Levantai-vos, porque o Senhor tem dado o arraial dos midianitas nas vossas mãos" (Juízes 7:15).

Quando Deus disse a Gideão que lhe daria a vitória sobre seus inimigos, os midianitas, ele não esperou para ver a manifestação visível do que Deus prometera para que começasse a adorar. A Palavra diz que tão logo ouvira sobre sua vitória veio ao campo e disse aos membros de seu exército, "Levantai-vos, porque o SENHOR tem dado o arraial dos midianitas nas vossas mãos" (Juízes 7:15).

E a palavra diz que Gideão, servo de Deus e seu exército, surpreendeu seus inimigos atacando de repente, quando ainda dormiam.

Sua adoração acelerou sua vitória. Mais uma vez, lembremos que toda grande vitória que lemos na Bíblia é precedida por um evento de adoração.

A vitória de Gideão não aconteceu quando derrotaram os midianitas. Aconteceu quando Gideão creu no que Deus havia lhe prometido e começou a adorar antecipadamente. Esta adoração liberou sua vitória.

Você nunca verá sua vitória no mundo físico se não enxergar primeiro no mundo espiritual.

JEJUM

"Mas esta casta de demônios não se expulsa senão pela oração e pelo jejum" (Mateus 17:21).

A Bíblia faz uma distinção clara entre oração e jejum. Em geral, o jejum tem sido definido como a abstinência de comida. Embora, atualmente este termo tenha se estendido para outros tipos de abstinências: a abstinência de falar negativamente, de quaisquer práticas destrutivas e pecaminosas recorrentes etc...

A prática do jejum era muito comum no nascimento da Igreja. Ao longo dos anos, a prática tem perdido sua força e se tornado obsoleta. Isso se deve em parte a ignorância de sua importância, as complicações da vida diária e o conceito errado que predomina em muitos crentes e igrejas. Hoje se ensina e acredita que Cristo já se sacrificou por nós, então não precisamos nos sacrificar por mais nada!

Esta ainda é uma meia verdade constantemente propagada. É verdade que através de sua morte na cruz, Jesus pagou o preço por nossa salvação, redenção, cura, libertação, paz, prosperidade, etc. Disso estamos certos e este foi o papel que Jesus veio realizar. Contudo, nós que desejamos receber os benefícios de seu sacrifício, também temos nossas atribuições, a parte que temos como coparticipantes desta aliança.

Nossa parte é obedecer a Deus e a sua Palavra. Dentro da lista de mandamentos que devemos obedecer encontra-se, Jejuar.

Uma das razões pelas quais o Senhor Jesus Cristo veio à terra e tornou-se humano foi para servir como modelo para nós. Jesus foi o modelo perfeito o qual devemos imitar.

Essa foi uma das razões pelas quais ele veio na carne e habitou entre nós, sob as mesmas circunstâncias humanas, para nos ensinar pelo exemplo que podemos viver no mundo, dentro de um corpo humano, rodeado de tentações, com circunstâncias difíceis por todos os lados e com tudo isso ainda ser fiel a Deus.

Outro exemplo que nos foi dado por Jesus Cristo, quando ele andava sobre a terra, foi a oração e jejum. Um exemplo disso é encontrado no Evangelho de Mateus, onde lemos a história de um jovem lunático, trazido a Jesus por seu pai. O pai disse a Jesus que, antes de levar seu filho para ser curado por ele, havia o levado aos discípulos de Jesus e eles não o conseguiram libertar.

"Então Jesus disse aos discípulos que a razão pela qual não podiam libertar este jovem era devido à pouca fé deles e continuou dizendo que este tipo de demônio não sairia exceto com jejum e oração" (Mateus 17:14-21).

A oração por si só não é suficiente para lidar com certos níveis de forças espirituais. É preciso que a oração seja fortalecida com o jejum. O jejum nos capacita, nos dá poder sobre os espíritos impuros e situações que do contrário, não poderão ser resolvidas se não através dele.

Isso não quer dizer que o preço de nossa autoridade e poder sobre as forças do mal não tenham sido pago por Jesus através de sua morte na cruz. O que significa é que através do jejum e da oração somos capacitados pelo Espírito Santo e recebemos este poder que Jesus comprou na cruz do calvário.

O jejum também eleva nosso espírito acima de nossa humanidade. As necessidades que nós, como seres humanos, temos de comida não é de nosso espírito, mas da carne. Portanto, é necessário e, se quisermos ter uma vida vitoriosa como crentes, que nossa carne (humanidade) esteja sujeita ao nosso espírito e não vice e versa.

Quando jejuamos, aprendemos a sacrificar nossa carne e seus desejos, que são: *morte e destruição* (Tiago 1:15) e edificamos nosso espírito que está mais proximamente ligado a Deus e numa posição de autoridade.

O JEJUM COMO UMA ARMA DE GUERRA ESPIRITUAL

O jejum também é uma poderosa arma de guerra espiritual que podemos usar com crentes e/ou intercessores em diferentes circunstâncias. Entre elas, quando nos deparamos com uma situação difícil e dolorosa.

Retornando ao nosso perfeito modelo, que é Jesus, a Bíblia nos fala de seu jejum no Jardim de Getsêmani por quarenta dias e quarenta noites, pouco antes da crucificação. Enquanto jejuava, ele fez uma petição muito interessante ao seu pai dizendo: "*Pai, se queres, passa de mim este cálice; todavia, não se faça a minha vontade, mas a tua* " (Lucas 22:42).

Em outras palavras, Jesus quis dizer, " minhas forças se enfraqueceram, não vou conseguir, preciso de sua ajuda".

Jesus jejuou em seus momentos de grande fraqueza, ensinando-nos com isso, que o jejum não apenas nos dá poder, mas também nos fortalece em momentos de fraqueza.

É importante ressaltar que na última parte de sua oração, Jesus diz: *não se faça a minha vontade, mas a tua* (Lucas 22:42). Ele quis dizer, " estou fraco, meu lado humano teme frente à ideia de morrer, mas te peço que seja feita a tua vontade."

Este é outro benefício importante do jejum: a vontade de Deus para nossas vidas.

O jejum faz nosso espírito entrar em um nível de intimidade com o Pai e nos torna mais receptivos para ouvir sua voz. A razão pela qual nos tornamos mais receptivos quando jejuamos é porque subjugamos nossa carne abstendo-nos de uma de suas maiores necessidades, a comida.

O jejum é também uma arma poderosa de guerra espiritual contra o inimigo para liberar a justiça de Deus em nosso favor. O jejum nos ajuda a contra-atacar o inimigo quando este se levanta contra nós e estamos em aflição ou quando somos oprimidos injustamente. A Bíblia nos mostra muitos exemplos em que homens e mulheres de Deus jejuaram com o objetivo de receber a justiça de Deus contra seus inimigos. Entre eles, Davi, que declara:

"Aqueles que me aborrecem sem causa são mais do que os cabelos da minha cabeça; aqueles que procuram destruir-me sendo injustamente meus inimigos, são poderosos; então, restituí o que não furtei. Chorei, e castiguei com jejum a minha alma, mas até isto se me tornou em afrontas..." (Salmo 69: 4-10).

Neste salmo, Davi diz ao Senhor: vê como se levantaram contra mim, como me odeiam sem causa e querem me destruir sem razão". Então Davi fez uso do jejum para pedir a Deus por justiça contra o ataque de seus inimigos.

O jejum nos ajuda a liberar nossa vitória. Olhemos o exemplo de Ester. A Bíblia nos diz que quando a Rainha Ester percebeu que sua vida e de seu povo se encontravam em perigo, ela fez um jejum.

Ester fez então um jejum coletivo. Todo o povo jejuou por um propósito (Ester 4:16).

Ester precisava de uma grande vitória. E como não estava contente com apenas apresentar suas orações diante de Deus, utilizou o jejum como uma arma de guerra para liberar sua vitória. A história não termina por aqui. A mesma armadilha preparada para Ester e seu povo, Deus usou para destruir o inimigo junto com sua família (Esther 7:10).

O jejum reverte os planos do inimigo, confunde os planos de nossos adversários e desfaz os planos daqueles que se levantam contra nós. Também, através do jejum, nos sãos reveladas as armadilhas do inimigo criadas para destruir nossas vidas.

O jejum nos capacita com as estratégias de guerra que nos guiarão rumo à nossa vitória. Foi exatamente durante este tempo de jejum que foram reveladas as estratégias que deram a Ester a vitória sobre seus oponentes (Ester 5).

Por todas estas razões, o reino das trevas se opõe até mesmo à ideia de jejum. O diabo tentará de todas as maneiras interromper a comunicação entre seu espírito e o espírito do Pai. O diabo tentará nos distanciar o máximo que puder de tudo que nos dá poder ou que aumenta o poder que nos foi dado através de Jesus Cristo.

Por isso, torna-se crucial que todos os crentes que desejam uma vida vitoriosa, aprendam a fazer bom uso desta poderosa arma de guerra, identificada como jejum; para que o corpo de Cristo possa ser capacitado e que possamos cumprir o grande ide deixado por nosso mestre e que nos ajude a empurrar o diabo para seu fim.

A PALAVRA DECRETADA COMO UMA ARMA DE GUERRA

Quando decretamos a palavra, ordenamos algo ou firmemente estabelecemos alguma coisa. Os decretos eram comuns em épocas bíblicas. Naqueles dias, os decretos eram proferidos pelos reis quando queriam estabelecer uma nova lei ou proferir novas ordenanças. Para garantir que estes novos decretos nunca fossem revogados, eles eram selados com cera em que o anel real era usado como selo.

Nós, como povo de Deus, também podemos fazer uso destes decretos.

No início da criação, as palavras eram utilizadas mais para criar que para comunicar. Além disso, tudo que existe foi criado pela palavra de Deus (Gênesis 1: 2-3).

Nós, como filhos de Deus, temos o mesmo DNA espiritual Dele, portanto, possuímos o mesmo poder para estabelecer, decretar, criar, etc., através das palavras. As Escrituras Sagradas nos ensinam que nós os crentes *"estamos sentados nos lugares celestiais"* (Efésios 2: 6).

Em outras palavras, nos encontramos em um lugar em que o governo é celestial. O fato de estarmos sentados em uma posição de governo com o Pai nos concede poder e autoridade sobre as coisas abaixo do governo Dele e consequentemente, as coisas sob nosso governo.

"Mas vós sois a geração eleita, o sacerdócio real, a nação santa, o povo adquirido, para que anuncieis as virtudes daquele que vos chamou das trevas para a sua maravilhosa luz" (1 Pedro 2: 9).

Desta sede de autoridade e governo, onde fomos colocados, não chegamos apenas ao Pai e perguntamos (quem é nosso superior imediato), mas também podemos operar dentro dos níveis de autoridade que envolve nosso governo. Isso é exatamente o que fazemos através dos decretos proféticos. Utilizamos a autoridade que já possuímos em Cristo Jesus para produzir mudanças sobre as pessoas, nações, ministérios, etc.

Quando estabelecemos um decreto sobre a vida de alguém, nação ou ministério estabelecemos verdades, leis, princípios que governam nosso Reino sobre essas circunstâncias. Tudo isso é feito com o objetivo de criar uma nova ordem.

A PALAVRA PROFÉTICA DECRETADA PARA PRODUZIR UMA TRANSFORMAÇÃO OU VIRADA

Sou abençoado na cidade, abençoado no campo. Sou cabeça e não cauda. Exerço autoridade sobre as nações, não abaixo delas.

Eu decreto que a chuva do Senhor virá sobre minha terra em sua estação e que todas as obras de minhas mãos estão abençoadas (Deuteronômio 28:12).

Declaro que os frutos do meu ventre são abençoados, que minha terra é frutífera, minha despensa será abastecida com bons frutos.

Decreto de acordo com Deuteronômio 28:6 que estou abençoado em minha entrada e saída. Sou abençoado na terra que o Senhor me deu como herança.

De acordo com Levíticos 26:6, eu declaro paz sobre minha casa, sobre meu casamento, sobre minha mente, sobre minhas emoções e sobre meus sonhos em nome de Jesus!

Profetizo multiplicação sobre minhas finanças, sobre meus negócios, sobre minhas ideias em nome de Jesus!

Declaro sucesso sobre meus projetos, e agora recebo tudo que o Senhor tem prometido e que será colocado em minhas mãos.

Declaro bênçãos em abundância sobre meus bens e que minha família e eu comeremos os frutos da terra até estarmos satisfeitos (Levíticos 26:9-10).

De acordo com Gênesis 1:3, ordeno que haja luz em todos os meus pensamentos, sobre meus projetos, sobre minhas decisões e sobre os caminhos do meu destino em nome de Jesus!

Eu estabeleço uma aliança divina entre meus pensamentos e o plano perfeito de Deus para mim.

Eu declaro que os tesouros do Reino de Deus me serão entregues. Que os céus estão abertos em meu favor, portanto emprestarei para muitas nações e não tomarei emprestado.

Eu estabeleço que meus inimigos serão derrotados pelo Senhor. Por um caminho sairão contra mim, mas por sete caminhos fugirão diante mim (Deuteronômio 28:7).

Eu declaro e decreto que habitarei nesta terra em segurança, que o mal não tocará minha casa (Levíticos 26: 5-6). E que nenhuma doença tocará meu corpo, nem de meus entes queridos.

Eu estabeleço que sou exaltado acima das nações da terra. Que o favor e a graça de Deus me sigam todos os dias de minha vida. Eu declaro que todas as bênçãos do Senhor sejam manifestadas continuamente em minha vida, em casa. No nome poderoso de Jesus, amém!

ORAÇÃO DE BÊNÇÃO OU BÊNÇÃO PROFÉTICA

"Porque esta palavra está mui perto de ti, na tua boca e no teu coração, para a fazeres. Os céus e a terra tomo, hoje, por testemunhas contra ti, que te tenho proposto a vida e a morte, a bênção e a maldição; escolhe, pois, a vida, para que vivas, tu e a tua semente" (Deuteronômio 30:14 e 19).

Este tipo de oração encontra-se dentro da intercessão profética, como parte do amplo repertório de orações que possuem esta arma poderosa de guerra espiritual.

Fazemos uso da oração de bênção ou bênção profética, quando estabelecemos decretos ou palavras de bênção sobre a vida de uma pessoa profeticamente.

Em épocas bíblicas, esse tipo de oração era conhecido como bênção patriarcal. Isso era estabelecido por uma pessoa de autoridade dentro da unidade familiar, geralmente o avô ou pai quando ficavam velhos ou sob algum tipo de ameaça de morte.

O pai ou patriarca estabelecia a palavra de bênção sobre a geração subsequente, geralmente o filho mais velho que seria um tipo de sucessor.

"E ele disse: Eis que já agora estou velho e não sei o dia da minha morte. Agora, pois, toma as tuas armas, a tua aljava e o teu arco, e sai ao campo, e apanha para mim alguma caça, e faze-me um guisado saboroso, como eu gosto, e traze-mo, para que eu coma, e para que minha alma te abençoe, antes que morra" (Gênesis 27: 2 e 7).

Estas foram as palavras faladas por Isaque para seu filho primogênito Esaú.

Embora neste caso, o filho mais velho não tenha obtido a bênção de Isaque, pois o filho mais jovem "jogou sujo" com seu irmão, Esaú (Gênesis 27).

Contudo, o peso da oração de bênção ou de bênção profética não foi alterado. Isaque estabeleceu decretos proféticos de bênçãos sobre a vida de Jacó que ao longo de sua vida foram manifestados.

Isaque não falou de novo o que fora estabelecido na vida de seu filho. Ele trouxe à existência o que ainda não existia. Isaque converteu seus desejos em decretos de bênçãos com o objetivo de que estes fossem estabelecidos na vida de Jacó.

Esta foi a oração pronunciada por Isaque em favor de seu filho Jacó:

Assim, pois, te dê Deus do orvalho dos céus, e das gorduras da terra, e abundância de trigo e de mosto. Sirvam-te povos, e nações se encurvem a ti; sê senhor de teus irmãos, e os filhos da tua mãe se encurvem a ti; malditos sejam os que te amaldiçoarem, e benditos sejam os que te abençoarem" (Gênesis 27: 28-29).

O que foi feito por Isaque nesta oração de bênção profética é exatamente o que fazemos através da oração de bênção. Utilizamos nossa autoridade como filhos de Deus e co-herdeiros da promessa divina para trazer à existência aquilo que ainda não existia, com o objetivo de que o que não ainda existe, seja então estabelecido.

Em outras palavras, fazemos uso da mesma autoridade que utilizamos para cancelar os planos do reino das trevas, mas de maneira oposta: para abençoar a vida de uma pessoa ou nação.

Se voltarmos nossa atenção um momento para o ministério de nosso mestre Jesus, perceberemos que ele também, durante sua jornada pela terra, fez uso de sua autoridade como filho Deus de diversas formas.

O mesmo Jesus que abençoou as crianças no templo, amaldiçoou a figueira para que se tornasse infértil. Ele também utilizou aquela autoridade que estava em operação nele para curar, repreender demônios, transformar água em vinho, etc.

Era a mesma autoridade, mas com ângulos diferentes e adaptados para os diferentes cenários.

Através da oração de bênção profética, também ativamos os planos de Deus sobre uma vida ou nação.

Através disso, podemos substituir os decretos de morte e destruição pré-estabelecidos pelo reino das trevas sobre uma pessoa ou nação pelos decretos de vida e bênçãos.

ORAÇÃO DE CONCERTO

Este tipo de oração tem sido usado com frequência por homens e mulheres de Deus por toda Bíblia sendo também uma oração que geralmente seria precedida por uma oração de súplica ou oração de apresentação de recurso junto a Deus.

A oração de concerto acontece quando nos apresentamos a Deus em oração e convertemos nossa petição em uma oferta que então liberaria nossa resposta.

O Rei Davi pedia a Deus que o libertasse de seus inimigos, que lutasse por ele:

"Pleiteia, Senhor, com aqueles que pleiteiam comigo; peleja contra os que pelejam contra mim. Pega do escudo e da rodela e levanta-te em minha ajuda. Tira da lança e obstrui o caminho aos que me perseguem; dize à minha alma: Eu sou a tua salvação. Sejam confundidos e envergonhados os que buscam a minha vida; voltem atrás e envergonhem-se os que contra mim intentam o mal" (Salmo 35:1-4).

Este salmo nos demonstra de maneira explícita, qual foi a petição de Davi diante de Deus. Podemos ver quais eram os seus desejos mais profundos e preocupações, a maneira descritiva deste pedido e a situação de urgência e desespero que Davi se encontrava.

Então Davi muda sua oração e adiciona um novo ingrediente: o concerto. Ele promete algo a Deus se Ele o atendesse em seu pedido.

"Senhor, até quando verás isto? Resgata a minha alma das suas assolações, e a minha predileta, dos leões. Louvar-te-ei na grande congregação; entre muitíssimo povo te celebrarei" (Salmo 35:17-18).

O que Davi dizia a Deus em outras palavras era: Se tu me libertares de meus inimigos, se tu responderes esta petição com urgência que tenho submetido diante de ti, em retorno confessarei o teu nome diante de todo o povo e testificarei ao mundo a tua grandeza.

Davi mudou sua oração de súplica, oração de apelação e oração de guerra para a oração de concerto permitindo que Deus soubesse de que maneira a resposta de sua oração beneficiaria o avanço de seu Reino.

Outro personagem bíblico que utilizou a oração de concerto, foi Jacó. Quando Jacó roubou a bênção de seu irmão Esaú, ele teve que fugir para uma terra desconhecida pois temia que seus irmãos o matassem (Gênesis 27:41).

Durante a fuga de Jacó chegou o momento em que ele cansou e decidiu descansar em um lugar chamado Betel. As Escrituras Sagradas nos dizem que enquanto Jacó se encontrava naquele lugar, Deus o apareceu em seus sonhos.

"E eis que o SENHOR estava em cima dela e disse: Eu sou o Senhor, o Deus de Abraão, teu pai, e o Deus de Isaque. Esta terra em que estás deitado ta darei a ti e à tua semente" (Gênesis 28:13).

Esta foi a primeira vez que Jacó fora exposto à voz de Deus. Uma experiência em que lidou com Deus diretamente. Vemos na narrativa que Jacó o conhecia, mas como o Deus de seu pai. Deus teve de explicar quem Ele era. Este mesmo Deus que de certa forma era novo para ele também lhe fazia algumas promessas extraordinárias:

"E a tua semente será como o pó da terra; e estender-se-á ao ocidente, e ao oriente, e ao norte, e ao sul; e em ti e na tua semente serão benditas todas as famílias da terra. E eis que estou contigo, e te guardarei por onde quer que fores, e te farei tornar a esta terra, porque te não deixarei, até que te haja feito o que te tenho dito" (Gênesis 28: 14-15).

Quando Jacó ouviu as promessas que Deus lhe fazia, a Palavra diz que Jacó fez um concerto ou voto diante de Deus.

Ele usou a oração de concerto para selar a promessa ou a palavra profética que Deus lhe falara sobre sua vida e disse:

"E Jacó fez um voto, dizendo: Se Deus for comigo, e me guardar nesta viagem que faço, e me der pão para comer e vestes para vestir, e eu em paz tornar à casa de meu pai, o Senhor será o meu Deus" (Gênesis 28: 20-21).

Em outras palavras, Jacó quis dizer: "Esta é minha primeira experiência contigo, eu não te conhecia tão proximamente, mas se tudo isso que tens prometido a mim for manifestado, eu, em retorno, devotarei minha vida para te servir."

Esta história bíblica da vida de Jacó nos dá outro ângulo de visualização da oração de concerto. Nos mostra que esta oração pode também ser usada para selar a promessa ou palavra profética de Deus.

Outra perspectiva bíblica da oração de concerto é aquela que observamos na oração de Ana, a mãe do profeta Samuel.

A Bíblia nos diz que ela era uma mulher infértil que não podia conceber filhos. Esta situação a perturbava terrivelmente. Era uma desgraça ser estéril naqueles dias.

A história nos diz que Ana orava constantemente por um filho. Às vezes caía em pranto enquanto orava (1Samuel 1:10).

Porém, um dia ela levantou-se e mudou sua oração de súplica e rendição em oferta, com o objetivo de liberar sua resposta.

"E votou um voto, dizendo: Senhor dos Exércitos! Se benignamente atentares para a aflição da tua serva, e de mim te lembrares, e da tua serva te não esqueceres, mas à tua serva deres um filho varão, ao Senhor o darei por todos os dias da sua vida, e sobre a sua cabeça não passará navalha" (1 Samuel 1:11).

Ana Permitiu que Deus soubesse que a resposta de sua petição poderia beneficiar o Reino de Deus. Ela também permitiu que Deus soubesse que esta resposta seria uma bênção para outros.

Através destes exemplos bíblicos, podemos observar os diferentes usos deste tipo de oração: para selar a promessa de Deus ou palavra profética, para manifestar a resposta de uma petição estagnada ou para acelerar nossa resposta.

ORAÇÃO DE RENÚNCIA

A oração de renúncia é uma das orações mais fundamentais que todos os intercessores devem conhecer. A oração de renúncia é um elemento essencial para libertação.

A renúncia significa rejeitar, desassociar ou se desprender de alguma coisa ou alguém.

Muitas vezes encontramos pessoas em nossas igrejas que são salvas, porém não libertas.

Obtemos salvação no momento que aceitamos a Jesus como nosso Salvador. Mas, libertação é obtida através da renúncia. O assunto de libertação tem sido objeto de confronto entre muitos crentes.

Se a Bíblia nos ensina que salvação e perdão de nossos pecados são obtidos pela confissão e arrependimento; eu apenas não sei por que algumas pessoas acham ser tão difícil acreditar que libertação é também obtida através da renúncia que também é um ato de confissão.

Uma renúncia eficaz ocorre quando os pecados são confessados, quando a responsabilidade por eles é assumida e, só aí alguém deve se dirigir a Deus e pedir perdão, renunciar o pecado em nome de

Jesus. Através deste ato nos desassociamos de toda condenação que espíritos associados com aqueles pecados desejam trazer para nossas vidas e nossos descendentes.

A oração de renúncia não está limitada a pecados cometido pela pessoa que faz o ato de renúncia. Ela também inclui os pecados cometidos por nossos antepassados ou pessoas em autoridade sobre nossas vidas. Por exemplo, existem famílias que têm operado sob o jugo da idolatria (santeria, bruxaria, etc.) por gerações.

Uma vez que todas essas gerações morreram sem conhecer a Jesus, sem pedir perdão a Deus ou sem confessar estes pecados, estas maldições de idolatria começarão a operar ou se tornam ativas nas gerações subsequentes.

Então, esta pessoa precisará de alguém pertencente à mesma linhagem familiar que tenha recebido Jesus em seus corações para confessar e pedir a Deus perdão por todos os seus pecados ancestrais. Assim, deverão cancelar a operação de todos os espíritos malignos que foram atribuídos ao seu sobrenome. Em nome de Jesus.

Isso poderá explicar parcialmente a razão pela qual existem tantas reincidências de pecado em operação em nossas igrejas hoje. Pessoas com grandes chamados, com grandes ministérios, mas estão presas por espíritos de luxúria, masturbação, mentira, crítica, orgulho, etc, ministros que servem ao Senhor de todo o coração, mas estão aprisionados pela pornografia.

Pessoas que amam a Deus e têm o desejo de servi-lo, têm um chamado para o ministério, mas não foram libertas. Ainda não renunciaram estes espíritos malignos e não deram os passos necessários para a libertação, isso não acontece, necessariamente, porque não querem ser libertas, mas, em muitos casos, por não saberem dos benefícios do ato de libertação e o quanto eficaz poderá ser para vida do crente. Muitos acham que tudo que basta para um crente ser libertado é receber Jesus em seu coração. Se esquecem que parte do processo de aceitar a Cristo é confessar nossos pecados, renunciá-los, nos separar ou desassociarmo-nos de todos eles. A Bíblia nos diz: *"O que encobre as suas transgressões nunca prosperará; mas o que as confessa e deixa alcançará misericórdia"* (Provérbios 28:13).

É parte do trabalho do intercessor trazer revelação ao povo de Deus e capacitá-los para operar na autoridade que tem sido delegada a nós pelo Pai, através do Espírito Santo, para repreender e libertar pessoas das obras malignas do reino das trevas.

OS ESPÍRITOS DE INIQUIDADE

Iníquo, significa cruel, injusto, desigual. O espírito de iniquidade é mais um na longa lista de espíritos do reino das trevas que operam por gerações.

Acredito que todos nós já indagamos sobre as razões de certos fenômenos os quais observamos em algumas famílias. Pessoas nascidas com deformidades físicas ou com algumas questões de gênero.

Existem muitos pastores que questionam a razão pela qual têm um filho homossexual se têm servido ao Senhor tão diligentemente e sido bom modelo para seus filhos.

Os espíritos que operam através das maldições de iniquidade são muito sutis. Em muitas ocasiões, nem sequer percebemos a operação deles em nossas vidas ou até mesmo ao nosso redor. Estes espíritos continuam a crescer exponencialmente.

Um bom exemplo disso é o caso do salmista Davi; ele cometeu adultério e fornicação quando dormiu com a esposa de seu melhor amigo. Este pecado, subsequentemente, o levou a planejar e executar a morte de seu amigo Urias (2 Samuel 11). Depois disso, Amnon, filho de Davi, fez pior que seu pai poderia fazer, não apenas fornicou, mas também estuprou sua própria irmã (2 Samuel 13). O outro filho de Davi, Salomão, se envolveu em idolatria (1 Reis 11).

Isso é o que queremos dizer quando mencionamos que tais espíritos crescem exponencialmente. Examinemos outro exemplo. Se seu avô tinha um problema de desejar mulheres que não fosse a sua e as cobiçasse com pensamentos cheios de luxúria, este mesmo espírito poderia passar para seu pai e começar a operar em sua vida com maior intensidade. Seu pai poderia não apenas cobiçar mulheres, mas é possível que se envolvesse em pornografia, masturbação, etc.

Então o mesmo espírito que tem operado no seu avô e em seu pai, poderá começar a operar em sua vida (como seu filho e neto) em uma escala grave, como: adultério, fornicação etc.

Esses mesmos pecados, em contrapartida, poderão atrair outros espíritos associados, tais como: homossexualismo, lesbianismo, alcoolismo, incesto, etc. Estes pecados trazem consequências. Alcoolismo por exemplo: a ingestão de álcool durante a gravidez pode causar deformação fetal. Quantas vezes culpamos a Deus quando vemos deformações físicas sem percebermos que não se trata de Deus. Existem consequências causadas por nossos próprios pecados. Por esta razão, Deus insiste que estejamos longe do pecado para que não soframos estas consequências trágicas e bastante dolorosas.

Os pecados operam em cadeia ou em série, e a associação maligna é fortalecida de geração a geração. Desta forma, precisamos de oração de renúncia guiada pelo intercessor. Quando nos envolvemos na oração de renúncia, ela nos permite desassociarmo-nos e reprendermos todos os espíritos malignos. Podemos ainda impedir que operem na vida de nossos descendentes.

ORAÇÕES DE RENÚNCIA, QUEBRA DE MALDIÇÕES HEREDITÁRIAS E HERANÇA DE INIQUIDADE

1) Senhor Jesus, eu te peço perdão por todos os meus pecados cometidos do momento de minha concepção, até hoje. Te peço perdão por quaisquer portas abertas para o inimigo que lhe deu o direito de exercer algum tipo de maldição em minha vida.

Eu renuncio toda punição provocada pelo reino das trevas causada por estas portas abertas.

2) Eu renuncio todas as obras da carne, idolatria, raiva, conflito, discórdia, inimizade, ciúme, dissenção, inveja, assassinato, mentiras, fofoca, heresia, idolatria, adultério, fornicação, impureza, feitiçaria, bruxaria e ódio.

Com este ato, eu retiro o direito do inimigo de operar em minha vida através de portas abertas.

3) Eu peço perdão por todo o pecado cometido por meus ancestrais, por toda ofensa contra ti Senhor, e quebro quaisquer maldições herdadas. Eu ordeno agora que sejam destruídas em suas raízes em nome de Jesus!

4) Eu renuncio todas as maldições associadas com o pecado ancestral e quebro toda associação com espíritos malignos que foram enviados para minha vida para exercer estas maldições.

5) Eu quebro todos os concertos estabelecidos consciente ou inconscientemente com o reino das trevas através de músicas que contêm pactos, meditação transcendental, maçonaria e todos os peados acessados pelos ouvidos.

Eu declaro como quebrado agora! Eu repreendo de minha vida todos os espíritos associados com estes pactos, para sempre, em nome de Jesus.

6) Eu renuncio toda prática de imoralidade sexual e todos os espíritos associados com estas práticas, orgias, incesto, fantasias sexuais, pedofilia, estrupo, bestialidade, fetichismo, exibicionismo, necrofilia, etc., (confesse pelo nome aqueles que estão em operação em sua vida e peça perdão a Deus).

Separo-me de todas as raízes de maldições ativas que têm sido presentes em minha geração através de práticas sexuais pecaminosas cometidas por meus ancestrais ou por mim. (Se você tiver nascido de uma relação de fornicação onde seus pais não tiverem sido legalmente casados, peça perdão em seus nomes e desassocie-se de toda punição que possa ter sido enviada para sua vida pelo inimigo, por ter aberto essas portas). Eu as repreendo de minha vida e de minha geração, para sempre em nome de Jesus!

7) Eu renuncio e me separo de toda a raiz de idolatria que tem estado em operação em minha vida através de gerações. Eu repreendo todos os espíritos associados com adultério, fornicação, pornografia, adição a mulheres ou homens, drogas, jogos, adição a drogas, alcoolismo, masturbação, doenças. (mencionar o pecado que tem estado em operação em sua família e confesse pelo nome. Peça perdão a Deus.)

Eu peço perdão por quaisquer atos de idolatria dos meus ancestrais. Fecho toda porta aberta por estes pecados e retiro o direito do inimigo de operar em minha vida e na vida de meus descendentes através destes pecados.

8) Eu renuncio quaisquer raízes de amargura, e os espíritos associados com maldições, ódio e rancor, falta de perdão, condenação, julgamentos, sede de vingança, ansiedade, tristeza, autocomiseração, reclamações, choro inesperado, etc., em nome de Jesus!

Peço perdão pela falta de perdão e pecados relacionados que têm aberto portas para as raízes de amargura e espíritos associados. Hoje, eu os removo de minha vida, não os aceito! Eu repreendo toda autoridade em operação em minha e na vida de meus descendentes e declaro que tais maldições não mais retornarão!

9) Eu quebro todas as raízes de ocultismo e renuncio todos os espíritos associados com feitiçaria, santeria, alianças de sangue, Rosa-cruz, controle mental, pobreza, endividamentos, falta de prosperidade, desertos eternos, roubo, bloqueios financeiros, pobreza, ilegalidade, doenças congênitas, deformidades físicas, esterilidade, etc. (Se você cometeu quaisquer dessas práticas, especifique quais e peça perdão a Deus). Eu peço perdão por quaisquer práticas de ocultismo cometidas por meus ancestrais. Pelo presente, me separo de toda punição envida pelo reino das trevas para minha vida para abrir estas portas. Eu repreendo de minha vida neste momento, todo espírito enviado para exercer estas maldições em minha vida e na vida de minha geração, sem qualquer direito de voltar ou ser transferida para meus entes queridos.

10) Eu renuncio toda espécie de doença física hereditária trazida a mim por maldições hereditárias. Eu quebro todas as maldições atribuídas ao meu sobrenome para trazer doenças e morte prematura. Eu repreendo-os de minha vida sem quaisquer direitos de voltar ou serem transferidos para meus descendentes. Em nome de Jesus!

11) Eu renuncio todo espírito de depravação: ninfomania, adições sexuais, fantasias obscenas, homossexualidade, lesbianismo, luxúria, lascívia, prostituição, bissexualidade, rituais sexuais e todo espírito que opera através de sonhos. Repreendo dos os espíritos succubus e incubus e os repreendo de operar em meus sonhos. Eu os repreendo de minha vida e de meus descendentes, sem

quaisquer direitos de voltar ou de transferirem-se para meus descendentes. Em nome de Jesus.

12) Eu quebro todas as maldições de:

DOENÇA MENTAL e repreendo de minha vida todos os espíritos associados de depressão, esquizofrenia, demência, epilepsia, Alzheimer, ansiedade, paranoia, ilusões, alucinações, delírio de perseguições, fobias, insônia, terrores noturnos, psicoses, etc.

Eu peço perdão por todos os pecados de meus ancestrais que deram direitos legais a estes espíritos para que operassem em minha geração. Eu os repreendo para sempre agora. Eu os impeço de voltar a operar em minha vida e na vida de meus descendentes. Em nome de Jesus!

13) Eu renuncio todas as distorções de caráter e pelo presente desassocio-me de todo julgamento que trouxe o inimigo para minha vida através destes espíritos. Eu renuncio os espíritos de violência, raiva, agressão, dureza, inseguranças, medo de tomar decisões, maldições de ira, preconceito, crítica, censura, orgulho, imaturidade, inconsistência, obsessão, espírito de desanimo, preguiça, bipolaridade, negligência, teimosia, isolamento.

Eu peço perdão pelos pecados que abriram estas lacunas e fecho todas as portas e brechas que foram abertas para o inimigo para exercer tais maldições. Eu as repreendo de minha vida, sem jamais quaisquer direitos de voltarem! Em nome de Jesus!

14) Eu quebro toda e qualquer maldição associada com NERVOSISMO e distúrbios ALIMENTAES, anorexia, bulimia, glutonaria, ataques de pânico, ataques de histeria, fobias nervosas, pensamentos de suicídio, insônia, sono excessivo, alucinações visuais, e / ou auditivas, pesadelos, medo do escuro, medo de solidão, do futuro, de fracasso, de morte, etc.

Eu os renuncio, não os recebo em minha vida e os ordeno que se desenraizem em nome de Jesus!

15) Eu renuncio todo espírito de REBELDIA; rebelião, conflito, guerra, crítica, manipulação, murmuração, egoísmo, arrogância, injustiça, cauterização mental, desobediência, presunção, auto retidão, espírito de surdez espiritual, orgulho, indiferença, vaidade, hipocrisia, divisão, inveja, engano, falta de submissão a autoridade, autossuficiência. (se você tiver sobre a indução desses espíritos, confesse seus pecados e peça perdão a Deus).

Eu os repreendo de minha vida e de minha geração. Eu os sujeito à autoridade de Jesus Cristo.

16) Eu renuncio todo espírito designado à minha vida para exercer BLOQUEIO MENTAL: confusão, opressão mental, autocrítica, visão em túnel, pensamentos de culpa, pensamentos tempestuosos, descrença, sentimentos de derrota, ideias de automutilação, pensamentos ou sentimentos bloqueados de não conseguir pensar com clareza, inundação de pensamentos ou de muitos

pensamentos interagindo ao mesmo tempo, sentimentos de loucura, frustação e solidão.

Eu peço perdão por todas as ações que têm aberto portas em minha vida para estes espíritos. Eu desassocio-me deles agora, eu os ordeno que abandonem minha vida para sempre e os impeço de tocarem em minha geração em nome de Jesus!

17) **PASSOS PARA LIBERTAÇÃO.**

A) Reconheça suas faltas. Entre na presença de Deus com humildade.

B) Adore e louve: exalte o Pai, reconheça sua grandeza e declare o que Ele verdadeiramente significa para você.

C) Perdão: Peça perdão por todos os pecados cometidos por seus ancestrais ou pelas pessoas imediatas de autoridade que estão diretamente conectadas à sua família, tais como seus pais ou avós, bisavós. Também peça perdão pelos seus próprios pecados.

D) Renunciar todos os pecados.

E) Repreender para sempre em nome de Jesus cada espírito associado com aqueles pecados.

F) Fechar todas as portas que foram abertas em sua vida para o inimigo por causa destes pecados.

COMO MANTER A LIBERTAÇÃO

A) Uma vez fechada todas as portas, devemos tentar não cometer os mesmos pecados.

B) Se você chegar a cometer qualquer um destes pecados que já foram renunciados, você deverá pedir perdão a Deus imediatamente e repreender todos os espíritos associados com este pecado.

C) Se quaisquer pensamentos do passado voltar à superfície em sua mente rejeite-os imediatamente!

D) Repreenda imediatamente qualquer sentimento de que Deus não te concedeu seu perdão. É um pecado pensar tal pensamento.

E) Fale positivamente.

F) Afaste-se da crítica. Abençoe as pessoas.

G) Para manter a libertação, você deverá jejuar, pelo menos uma vez por mês. É recomendado para todos os cristãos a prática do Jejum.

H) Você deverá ler a palavra de Deus diariamente e refletir sobre ela.

APRENDA A OPERAR AS ARMAS DE GUERRA

"Porque as armas da nossa milícia não são carnais, mas, sim, poderosas em Deus, para destruição das fortalezas" (2 Coríntios 10: 4-6).

Em um exército, nem todas as armas operam sob o mesmo sistema ou produzem os mesmos efeitos. Existem armas de destruição em massa, armas nucleares, explosivas, metralhadoras, fuzis de francos atiradores, tanques, caças, etc.

Cada uma destas armas de guerra é usada de acordo com a necessidade, dimensões, intensidade ou área de ataques. Embora, cada uma seja importante e muito eficaz, nem todas têm o mesmo escopo de capacidade ou são usadas para mesma missão.

O mesmo se aplica às armas espirituais que nós crentes temos ao nosso dispor. Cada uma delas deve ser usada pelo intercessor para operar de acordo com a necessidade, a área de ataque e a dimensão da influência demoníaca com a qual nos deparamos, sem diminuir a importância de nenhuma delas.

É importante enfatizar que assim como em um exército da terra, estas armas não nos servirão eficazmente se não soubermos operá-las corretamente.

Não importa o quão poderosa seja a arma que estamos a usar; é imperativo que primeiro sejamos treinados e aprendamos a manusear estas armas para que elas apresentem os efeitos desejados.

Poderia ser extremamente perigoso para nós tentar operar armas de destruição em massa sem que passássemos primeiro por programas de treinamento militar adequado. Poderia inclusive produzir um efeito oposto às nossas intenções iniciais.

Como crentes e/ou futuros intercessores, contamos com uma grande variedade de armas espirituais que o Pai colocou à nossa disposição. Tais armas já nos foram concedidas através da morte de nosso Senhor Jesus Cristo, assim como a autoridade com a qual podemos operá-las. Assim, depende de nós aprender como opera-las conforme a orientação do Espírito Santo.

O primeiro passo que devemos dar em nossa busca para aprender mais sobre estas armas de guerra espiritual é saber a importância de cada arma e para qual uso eficaz ela se destina.

O segundo passo é saber o nível de capacidade ou a dimensão em que esta arma espiritual pode ser operada.

O terceiro passo, devemos saber que circunstâncias esta arma espiritual pode ser utilizada.

Muitas vezes vemos pessoas a fazer uso da oração de súplicas. Elas pedem, imploram e derramam seu pranto em oração ou súplica, apresentam seus pedidos de bênçãos financeiras. Tudo parece indicar que o Senhor não tem ouvido suas orações. Depois de muito tempo em oração pela mesma situação sem obter qualquer resposta aparente do Senhor, começam a perder a fé na eficácia da oração e na confiança no Senhor, que agora se encontra enfraquecida. O que eles parecem não perceber é que estão usando a arma espiritual errada para aquela petição em particular.

Eles fazem uso da oração de súplica quando a arma deveria ser a oração de renúncia. Isso significa renunciar todos os espíritos de ancestralidade atribuídos às suas gerações para trazer miséria, pobreza, escassez, etc.

Em outras vezes, vemos crentes em oração por pessoas possuídas por demônios ou influenciadas por espíritos do reino das trevas a fazer uso da oração de renúncia, que é uma arma poderosa de guerra, mas, mal-usada ou usada incorretamente.

O processo correto a ser seguido neste caso, seria fazer uso do poder que já nos foi dado e exercer autoridade sobre os espíritos que estão em operação naquela vida, em nome de Jesus. Em outras palavras, a oração correta a ser usada em um caso assim seria a oração de guerra espiritual.

No livro de atos, a Bíblia nos dá um grande exemplo de como operar nestas circunstâncias. Os versículos nos contam a história de um jovem endemoniado que fora trazido a Jesus. Quando Jesus abordou o jovem, ele não começou a orar por ele nem o pediu para renunciar os espíritos malignos em operação dentro dele. Ao invés disso, Jesus fez um poderoso uso da autoridade que nele operava e expulsou aqueles espíritos que afligiam aquele jovem (Atos 9:14).

É importante esclarecer que Jesus não apenas ordenou a estes espíritos malignos que saíssem, mas também os chamou pelo nome. "Espirito mudo e surdo." É essencial que no momento de usarmos esta arma espiritual, devamos mencionar pelo nome aqueles espíritos que amarram a vida das pessoas por quem oramos.

Podemos identificar os nomes destes espíritos de acordo com suas operações. Insônia, insanidade, delírio, câncer, etc. O ato de chamar esses espíritos pelos nomes é uma parte essencial de corretamente usarmos esta arma espiritual poderosa de guerra.

É também importante mencionar que no reino das trevas, existem diferentes castas ou fileiras de demônios e a única maneira de atacar com eficácia os ataques destes demônios é fazer uso da arma de guerra adequada dependendo da casta, fileira e área de ataque.

O jovem endemoniado, trazido a Jesus por seu pai, havia sido trazido aos discípulos anteriormente e eles não foram capazes de libertá-lo destes demônios que o atormentavam tanto. Então Jesus falou aos seus discípulos que razão pela qual não conseguiram libertar o jovem é porque aquela casta só podia ser removida através de jejum e oração (Marcos 9:29).

Em outras palavras, Jesus disse que este demônio em particular era de uma casta mais elevada e de um gênero diferente. A razão pela qual não tiveram os resultados esperados é por que estavam usando as armas espirituais incorretas contra aqueles demônios.

Outro erro que cometemos com frequência como crentes é que oramos e oramos por petições de nossos amigos e parentes que já receberam Jesus, mas que ainda se encontram sob círculos de maldição. Pessoas que vivem em eternos "desertos" ou pessoas que desde que as conhecemos passam pelos mesmos problemas continuamente; e não importa quanto oremos ou jejuemos por elas, não vemos resultados, tudo permanece o mesmo.

Precisamos mudar a armadura espiritual que usamos e começar a usar a armadura correta. Isso inclui falar com aquele parente ou amigo sobre a necessidade da quebra de maldições hereditárias que possam estar em operação sobre a vida da pessoa. Esses tipos de ciclos de maldição mantêm a pessoa em certos tipos de práticas e comportamentos recorrentes que poderão impedi-las de ver a manifestação da resposta de suas orações.

"Se eu atender à iniquidade no meu coração, o Senhor não me ouvirá" (Salmo 66:18).

"DEMANDA TERAPÊUTICA"

Qual a importância real de explicar a pessoa da necessidade de primeiro ser liberto.

Dentro do círculo da psicologia temos o termo *"Demanda terapêutica"*; isso se refere a atitude cooperativa diligente e proativa adotada pelo sujeito, quando ele / ela descobre e aceita sua condição.

Na libertação a situação ocorre de maneira similar. A pessoa em necessidade deverá realmente desejar ser livre.

Em muitas ocasiões, Jesus muito frequentemente perguntava à pessoa: " queres ser curado? " Quando a pessoa respondia; "sim eu quero", então o milagre ocorria (João 5: 6).

Esta atitude proativa da pessoa em necessidade é imperativa nos processos de libertação e renúncia. O fato de reconhecer esta necessidade urgente de ser livre significa que a pessoa em necessidade reconhece que se encontra sob um jugo de opressão. Esta atitude também denota que a pessoa também reconhece o fato de que precisa de ajuda. Nos processos de libertação é extremamente importante que a pessoa em necessidade seja aquela que entregará a Deus o *"direito legal"* de operar em sua vida através do Espírito Santo.

Outra forma de incorretamente operar as armas espirituais que temos à nossa disposição é quando oramos por nações e territórios aprisionados por prostituição, homossexualismo, lesbianismo, alcoolismo, etc. Passamos anos usando apenas a oração de súplica ou rendição que são na verdade poderosas armas de guerra. Contudo, a arma adequada a ser usada para este tipo de guerra espiritual deve ser a intercessão profética para que sejam banidas as influências malignas destes espíritos que têm estado em operação naquela nação ou território. Então, comece a declarar ou estabelecer os decretos proféticos que invalidarão os decretos anteriores estabelecidos sobre esta nação, pelo reino das trevas.

TODO INTERCESSOR TEM SUA ATRIBUIÇÃO

Assim como em um exército da terra, cada soldado tem sua atribuição. O exército de Deus também, de maneira similar. Cada um dos intercessores deve manusear a arma na qual foi treinado.

O salmista ou adoradores proféticos devem permanecer com suas habilidades para cantar. Aqueles que foram treinados em guerra espiritual, intercessão profética, libertação, etc, cada um deve permanecer em sua área de expertise. É a função do intercessor, encarregado do exército em operação, receber as estratégias de guerra, a favor do Espírito Santo e então ditá-las ao povo; "o exército".

Contrário ao anteriormente ensinado, todos os intercessores devem operar na mesma missão e simultaneamente. Isto só poderá acontecer se estiverem sendo guiados pelo intercessor "encarregado" ou do contrário poderá haver caos e confusão, se várias pessoas estiverem ditando os diferentes padrões estratégicos simultaneamente.

Isto é, todos os intercessores poderão operar simultaneamente, na mesma missão com diferentes armas de guerra espiritual, mas dirigidos para o mesmo objetivo; destronar as forças das trevas e estabelecer o Rcino de Deus na terra.

Permitam-me dar-lhes um exemplo pessoal. Em uma ocasião eu fui convidada por uma família que precisava ser liberta. Éramos um grupo de intercessores e, como de costume, decidi jejuar com minha equipe por três dias antes do encontro. Quando chegamos ao nosso destino, entramos na casa e comecei a designar o lugar de cada intercessor.

Geralmente, quando chegamos a certa casa ou lugar em particular com a intenção de operar em libertação de uma pessoa ou família, não recomendo que os intercessores se engajem em uma conversa longa.

Isso se dá por várias razões, mas em primeiro lugar, a Bíblia nos diz, *"Na multidão de palavras não falta transgressão, mas o que modera os seus lábios é prudente" (Provérbios 10:19).*

Em segundo lugar, quando nos envolvemos em conversas, perdemos o foco do que originalmente pretendíamos fazer. Em terceiro lugar, assim como um exército da terra, devemos seguir instruções de nossos generais. Nos, como guerreiros do Senhor, quando estamos no campo de batalha, prontos para operar nossas armas de guerra espiritual, precisamos seguir as instruções de nosso general através do Espírito Santo.

Não conseguiremos ouvir o Espírito Santo se não prestarmos atenção necessária às suas instruções.

Voltando para designação dos postos de cada intercessor e seus lugares de ataque, solicitei aos levitas que começassem a louvar e os instrui que continuassem em voz baixa, assim que o processo de libertação fosse iniciado. Coloquei também um intercessor em cada canto da casa para que mantivessem a intercessão ao longo de todo o processo. Atribui mais intercessores para andarem de um lado ao outro da casa, adorando ao Senhor!

Atribui aos outros intercessores a mim, para que me ajudassem em um processo físico de libertação. Eles estariam encarregados de ajudarem as pessoas, (enquanto estivessem sob o poder do Espírito Santo), e ajudando-me a estabilizar os outros (enquanto estivessem caídos sob possessões demoníacas) me auxiliando nas orações de resignação etc. Éramos um exército em operação no mesmo lugar, ao mesmo tempo! Estávamos sob o mesmo poder do Espírito Santo, mas com diferentes atribuições.

É necessário, mais uma vez, enfatizar o fato que no amplo mundo da intercessão, nem todas as armas de guerra espiritual se aplicam em todos os casos. Às vezes não recebemos respostas de nossas orações, simplesmente porque usamos as armas erradas de guerra espiritual.

Há momentos, quando nos derramamos diante de Deus com pranto e súplicas, a pedir em oração um milagre. Porém, existem outros momentos onde devemos nos levantar, secar nossas lágrimas e começar a fazer bom uso da autoridade que nos foi dada, decretando a palavra e ordenando que cada situação em operação (pelo reino das trevas) sejam quebradas em nome de Jesus!

APRENDA A PROFETIZAR

"E profetizei como ele me deu ordem; então, o espírito entrou neles, e viveram e se puseram em pé, um exército grande em extremo..." (Ezequiel 37:10).

A palavra profeta significa o anunciador, o proclamador. A palavra "profecia" é definida como uma previsão para revelar algo antes que aconteça. Esta definição, por um longo tempo, nos deu um escopo limitado do que realmente envolve o trabalho ou função de um profeta.

A palavra profética foi limitada à apenas duas funções: 1) prever coisas que ainda não ocorreram e 2) trazer à luz situações na vida das pessoas. Na verdade, o trabalho profético é mais amplo que estes dois tópicos.

Se um profeta é um anunciador, podemos dizer com segurança que (em algum ponto em suas caminhadas com Deus) ele tem exercido o ministério profético. Temos todos, de uma forma ou de outra anunciado as boas novas do evangelho ou pelo menos compartilhado com alguém o amor de Jesus.

Embora tudo isso seja parte do ministério profético, não se encerra por aí. O ato de profetizar não é apenas anunciar ou prever o futuro.

Também é declarar e estabelecer a verdade de Deus acima das muitas mentiras do diabo.

Profecia é também trazer à existência e à vida os propósitos das pessoas, projetos, ministérios, assim como ressuscitar situações mortas ou circunstâncias que têm prendido a vida dos indivíduos ou nações.

Consideremos o exemplo bíblico de Ezequiel. Ele foi levando em espírito ao vale de ossos secos e o Senhor lhe perguntou, *" Poderão viver estes ossos?* " O profeta Ezequiel respondeu" *Senhor Jeová, tu o sabes."* E o Senhor disse *" Profetiza sobre estes ossos e dize-lhes: Ossos secos, ouvi a palavra do Senhor" (Ezequiel 37).*

Aqueles ossos estavam secos e sem vida, mas Deus disse a Ezequiel, " Estabelece a verdade espiritual sobre esta condição física e mude-a!" As Escrituras dizem que depois do profeta Ezequiel ter profetizado sobre os ossos secos, Deus trabalhou para completar sua parte.

"Então, me disse: Assim diz o Senhor Jeová a estes ossos: Eis que farei entrar em vós o espírito, e vivereis" (Ezequiel 37:5).

E enquanto o profeta Ezequiel ainda profetizava sobre os ossos secos, ouviu-se um grande ruído, " *e os ossos se juntaram, cada osso ao seu osso (Ezequiel 37: 7).*

Enquanto Ezequiel profetizou e decretou as palavras, seus decretos tornaram-se realidade e foram estabelecidos. O profeta Ezequiel não estava a prever o futuro para aqueles ossos. Enquanto decretava a palavra sua realidade física começou a mudar para uma realidade espiritual. Como alguém esperaria, aquela verdade espiritual então prevaleceu.

Assim como Ezequiel, todos fomos capacitados por Deus para profetizar sobre nossas circunstâncias com autoridade. Às vezes vivemos uma vida de mediocridade espiritual e física, pois dependemos constantemente dos outros para profetizar sobre nossas circunstâncias.

Fazemos isso, porque desconhecemos o poder que já nos foi dado para proferir palavras de bênçãos que desencadeiam mudanças para nossas próprias vidas. Por essa razão, fomos convocados por Deus para *"chamar as coisas que não são como se já fossem"* (Romanos 4:17).

Não devemos colocar a base de nossa fé apenas no que percebemos no mundo físico, mas precisamos renovar nossas mentes e compreender que: "não andamos pela vista, mas pela fé " (2 Coríntios 5:7).

Não permita que circunstâncias determinem sua fé. Mude as circunstâncias!

É importante deixar claro e compreendermos que temos mais poder que o inimigo nos faz acreditar que temos.

Quando a Bíblia em Gênesis diz que Deus criou o homem e o fez senhor sobre toda a criação, simplesmente significa que todos fomos criados para sermos mais que *" a obra prima de Deus"*.

Senhorio denota domínio, possessão, acima de, governo, etc. O ato de fazer do homem senhor sobre tudo que existe é melhor explicado por Davi:

"Contudo, pouco menor o fizeste do que os anjos e de glória e de honra o coroaste. Fazes com que ele tenha domínio sobre as obras das tuas mãos; tudo puseste debaixo de seus pés: todas as ovelhas e bois, assim como os

animais do campo; as aves dos céus, e os peixes do mar, e tudo o que passa pelas veredas dos mares" (Salmo 8:5-8).

Esta é a dimensão do domínio que nos foi dado, pelo criador e foi revisitado, pela morte de Jesus Cristo, há mais de dois mil anos. Este domínio constitui o homem como algo muito especial, com habilidades extremamente especiais e a quem Deus colocou em extraordinárias dimensões de poder!

É precisamente parte dessa relação poder e autoridade que colocamos em ação quando decretamos coisas.

O que se segue são alguns exemplos de como profetizar:

"Eu profetizo que meus pensamentos, emoções e sentimentos estão agora alinhados ao perfeito plano de Deus para minha vida."

"Eu profetizo sobre sua vida, de que toda situação que tem atormentado sua vida por espíritos malignos e que têm te impedido de alcançar seu destino está agora cancelada. Em nome de Jesus!

"Eu profetizo que todos os poderes das trevas que têm exercido autoridade sobre seu casamento, sejam quebrados, desativado e cancelado agora! Em nome de Jesus!"

"Eu profetizo paz sobre esta nação e estabeleço que as decisões dos governantes estejam alinhadas com o perfeito plano de Deus. Que os corações de seus cidadãos estejam receptíveis para palavra viva de Deus."

Estes são apenas alguns exemplos de como podemos profetizar, dar vida ou trazer transformação para situações que têm estado em operação sob o reino das trevas.

Neste momento, a pergunta mais óbvia seria: se as necessidades das pessoas, nações etc., são conhecidas por Deus, para que a verdade do seu Reino seja ativada sobre essas circunstâncias, por que motivos precisaríamos decretar a palavra profética?

Em primeiro lugar, quando decretamos a palavra profética fazemos uso de nossa autoridade. Isso exige que primeiro tenhamos a consciência de nossa identidade, ou seja, de quem somos no Reino de Deus e, em segundo lugar que reconheçamos o nível de poder que nos foi delegado.

O ato de decretar a palavra profética é também considerado um ato de fé. Isso significa que não somos movidos pelo que nossos olhos físicos percebem, mas ao contrário, somos movidos pela verdade estabelecida por Deus através de sua palavra. Com este ato intencional, estamos posicionando Deus acima de nossas circunstâncias.

"Tocou, então, os olhos deles, dizendo: Seja-vos feito segundo a vossa fé " (Mateus 9:29).

O que seria "seja-vos feito conforme a vossa fé? O ato de crer envolve uma série de pensamentos e atitudes que estão proximamente relacionadas com a fé. O ato de declarar profeticamente, na verdade, eleva nossa fé a um estado superior de atividade.

Portanto, a insistência de Deus em mandar Jonas para profetizar sobre Nínive (Jonas 3) ou a insistência de Deus em deter o profeta Balaão quando ele ia amaldiçoar a cidade de Israel (Números 22).

A próxima pergunta que podemos fazer é: por que Deus teria essa necessidade de nos usar para abençoar, estabelecer ou decretar sua palavra sobre a vida das pessoas, dos ministérios e das nações etc.?

Isso está parcialmente ligado aos dois mundos espirituais. Assim como existem princípios e leis para o Reino do Céus, existem também leis e princípios que governam o reino das trevas. Tanto o Espírito Santo, como os espíritos do mal precisam de corpos humanos para operar. Esta necessidade de ocupar corpos para poder operar nesta terra é conhecida como o "direito legal" para operar. Damos ao Espírito Santo direito legal para trabalhar em nós, através de nossa conversão. Damos o mesmo direito legal ao reino das trevas, quando pecamos (e não pedimos o perdão de Deus) ou quando pecamos deliberadamente.

Outra razão pela qual Deus nos usa para operar na terra é porque já nos foi dado o domínio e controle sobre toda a criação. Desta forma, Deus deve operar sobre o que Ele já nos deu; mas sem nossa permissão legal Ele não pode operar com êxito. Quando oramos, concedemos a Deus esse direito legal e é através de nossas orações que Ele pode se manifestar!

"A oração libera a habilidade de Deus na terra para fazer o que ele deseja fazer" (Pastor Bill Winston).

Que privilégio é para nós sermos este vaso onde repousa a Gloria de Deus! O Reino de Deus está em busca de corpos humanos para operar. Deus procura por pessoas que estejam disponíveis para oferecer seus corpos ao serviço do Reino. Pessoas que aceitam suas identidades em Deus, que conhecem seus lugares no Reino e estão cientes de sua autoridade com a qual foram vestidas. Pessoas que não permitem que suas circunstâncias ditem o que fazer, mas que mudam suas circunstâncias com sua fé.

O Reino de Deus procura guerreiros que não se permitam intimidar por mentiras e pelo vômito da boca dos inimigos. Que o exército de Deus estabeleça sua verdade, sobre todas as mentiras do diabo.

Intercessores que não dependem de outro guerreiro (que parecem estar mais confiantes com suas identidades e autoridades para profetizar sobre outras vidas), mas para compreender que todos nós fomos capacitados por Deus para trazer transformações sobre nossa casa família e nação.

Guerreiros que abrem um tempo em suas agendas para intimidade com Deus todos os dias. Homens e mulheres que profetizam sobre seus filhos, saúde, ministério e todas circunstâncias contrárias ao Reino de Deus.

Finalmente, pessoas convencidas pelo Espírito Santo de que em nossa boca se encontra o poder da "vida e da morte". Que tudo que ligarmos na terra será ligado no céu. Pessoas que estão conscientizadas de que o milagre de uma transformação, cura, libertação, etc., está em nossa boca e que não precisamos desejar ser outra pessoa para declarar isto para nós.

O PAPEL DO ESPÍRITO SANTO NA INTERCESSÃO

Apesar de ter crescido em uma família cristã, por muitos anos achei que não precisava de um relacionamento com o Espírito Santo e que não precisava estabelecer um relacionamento com ele para ter uma vida cristã vitoriosa. Isso foi devido, em parte, nunca ter sido ensinada de que ele era uma pessoa.

Eu achava que pelo fato de nos referirmos a ele como um espírito, ele só era aquilo, uma força ou energia. Era um espírito que vinha sobre o crente quando este era batizado e era isso! Eu também achava que como crente não precisava segui-lo, mas que era sua responsabilidade de vir para minha vida e que então o dom de línguas seria concedido.

Por muitos anos percebi que não era a única a ter esta percepção sobre o Espírito Santo. Era surpreendente ver um grande número de crentes que pensavam a mesma coisa que eu.

O fato de o Espírito Santo ser chamado a Terceira Pessoa da Trindade faz com que muitos crentes interpretem que ele ocupa a terceira posição na hierarquia celestial. O simples fato de ele ser chamado a terceira pessoa, dá a impressão de que existe algum tipo de nível hierárquico que determina seu poder, autoridade e subsequentemente sua importância.

Eu sempre me perguntava quando ouvia os ministros discutirem sobre o Espírito Santo, porque eu deveria falar com a terceira pessoa da trindade quando posso falar diretamente com a primeira?

Acho que esta pergunta tem sido feita por muitas pessoas que a fizeram sob a mesma percepção que eu tinha. A medida que me aprofundei na área de oração e intercessão, descobri que a presença do Espírito Santo é indispensável para vida do intercessor. Todo crente precisa ter um relacionamento com o Espírito Santo, pois é impossível operar em níveis elevados de intercessão se não tivermos um relacionamento íntimo com ele.

FUNÇÕES DO ESPÍRITO SANTO

Primeiramente mencionei que muitos crentes acreditam que o único papel do Espírito Santo é nos dar o dom de línguas e nos confortar em tempos difíceis. O que eles não percebem é que estas são apenas duas de suas funções.

Também mencionamos que o Espírito Santo não é uma força ou uma energia. As escrituras dizem, "E não entristeçais o Espírito Santo de Deus, no qual estais selados para o Dia da redenção" (Efésios 4:30).

A palavra "afligir", vem da palavra entristecer. Tristeza é uma emoção e emoções não existem em objetos nem em energias ou em coisas. Emoções existem em pessoas. O Espírito Santo é uma pessoa.

Esta pessoa tem múltiplas funções. Além daquelas já mencionadas, o Espírito Santo é também aquele que opera os "dons" para a Igreja. Sem o Espírito Santo a Igreja não poderia operar no sobrenatural.

Isto é, não poderíamos operar em milagres. O intercessor não conseguiria ver o mundo espiritual, porque o dom da revelação não existiria. A palavra profética não existiria. Ele é aquele que revela.

Sem o Espírito Santo não seria possível viver a vida de acordo com a palavra de Deus, porque ele é aquele que molda nossa personalidade.

"Mas o fruto do Espírito é: caridade, gozo, paz, longanimidade, benignidade, bondade, fé, mansidão, temperança. Contra essas coisas não há lei" (Gálatas 5: 22-23).

Todos os crentes passam por situações difíceis em suas vidas, conhecidas como processos, também referidos como "desertos", com os quais nos depararemos em nossa caminhada com Deus. Qualquer homem ou mulher, chamado para servir no Reino de Deus, já passou ou passará por estes momentos em que tudo está faltando. Somos testados em nossas finanças, pessoas que se levantam contra nós, perdemos amigos, etc.

Na Bíblia lemos sobre muitos homens de Deus que tiveram que passar por estes momentos de testes e tribulações. Davi, que passou muito tempo fugindo de seu inimigo, Saul. Ele se escondeu em uma caverna, a fim de se salvar da perseguição de Saul (1 Samuel 22).

Moisés passou quarenta anos no deserto liderando um povo rebelde, conforme nos dito no livro de Êxodos.

Houve muitos outros homens e mulheres de Deus que passaram por circunstâncias similares.

Em minha experiência, uma das principais razões pela qual Deus nos faz passar por estes "desertos" é para moldar nosso caráter. Às vezes recebemos grandes promessas de Deus. Deus está pronto para nos entregá-las, mas muitas vezes, nosso caráter não está pronto para suportar a magnitude da glória que Deus deseja nos dar.

Em um momento de ira, Moisés quebrou as tábuas dos dez mandamentos que Deus lhe dera (Êxodo 32:19). Davi matou tantos homens que Deus lhe disse, " tu tens muito sangue em tuas mãos. Não poderás construir minha igreja" (1 Crônicas 22:8).

Muitas vezes, temos um forte chamado de Deus e um coração disposto para servi-lo. Possuímos enormes potenciais, mas temos questões importantes de caráter. Tornamos-nos facilmente irritados, somos impacientes, ansiosos, maldosos, vingativos, gananciosos, invejosos, hipócritas, duvidosos, preguiçosos, infelizes, medrosos, inseguros, mentirosos, etc.

É o desejo de Deus que todas as obras da carne pereçam no deserto, antes de nos apresentar à nossa terra prometida. É o trabalho do Espírito Santo trabalhar com todas as questões da carne, assim como com o nosso caráter.

Os frutos do Espírito estão associados ao nosso caráter e ao nosso comportamento. Esses frutos são, por si mesmos, contrários às obras da carne (Gálatas 5: 21-22).

A evidência de que o Espírito Santo habita na vida de um crente são estes frutos.

Não podemos esperar receber tudo o que sonhamos receber de Deus, até que sejamos como a pessoa que Ele sonha que sejamos.

Por este motivo é indispensável que permitamos ao Espírito Santo vir e transformar estas áreas de nossas vidas onde precisamos de sua pronta intervenção.

POR QUE PRECISAMOS PERMITIR AO ESPIRÍTO SANTO OPERAR EM NOSSAS VIDAS?

É com frequência que escuto essa pergunta: se o Espírito Santo foi enviado para nossas vidas para estar sempre conosco, por que motivo então devo permitir que Ele trabalhe em minha vida? Nos capítulos anteriores, mencionei alguma coisa sobre os princípios e leis existentes no mundo espiritual.

Tanto no reino da luz quanto no reino das trevas existe uma lei principal chamada "legalidade ou direito legal". Esta é a permissão que damos (consciente ou inconscientemente) a qualquer reino, para que possa operar em nossas vidas.

Deus, em seu infinito amor por suas criaturas, está ansioso para entrar em nossos corações e deseja muitíssimo que sejamos salvos. Mas é apenas quando o aceitamos como Senhor e Salvador que Ele entra em nossas vidas. Deus não impõe sua vontade sobre nós. Através do nosso processo de conversão damos a Ele o "direito legal" de entrar em nossas vidas.

"Eis que estou à porta e bato; se alguém ouvir a minha voz e abrir a porta, entrarei em sua casa e com ele cearei, e ele, comigo" (Apocalipse 3:20).

A mesma coisa acontece com a oração. Muitos crentes perguntam por que devemos orar se Deus já tem conhecimento de nossa situação mesmo antes de lhe falarmos. Ele sabe que temos necessidades e isso é uma verdade; porém, o mesmo princípio se aplica no sentido de darmos a Deus o direito legal de entrar em nossas vidas.

Somente através da oração concedemos a Deus o direito legal de interver de maneira sobrenatural em nossa situação.

Podemos conceder uma permissão legal inconsciente, para o reino das trevas operar em nossas vidas, quando as *portas da legalidade* forem abertas por nossos antepassados, avós, pais, etc.

Conforme mencionei antes, as maldições hereditárias são práticas pecaminosas cometidas por nossos ancestrais ou pessoas em autoridade em nossas vidas, não tendo sido ainda confessadas diante de Deus. Não esqueçamos a importância de confessar, bem como o verdadeiro arrependimento desses pecados hereditários. Se não o fizermos, permitiremos uma passagem livre para o reino das trevas que continuará operando em nossa linhagem familiar pelas futuras gerações.

Tais práticas pecaminosas que ainda não foram confessadas, mantêm as portas abertas ou dão legalidade aos espíritos associados relacionados à maldição hereditária em operação em seus descendentes.

"Não te encurvarás a elas nem as servirás; porque eu, o Senhor, teu Deus, sou Deus zeloso, que visito a maldade dos pais nos filhos até à terceira e quarta geração daqueles que me aborrecem" (Êxodo 20:5).

Também faz parte do trabalho dos intercessores trazer transformações a esses ciclos de maldição ou herdeiros, da iniquidade.

O PAPEL DO ESPÍRITO SANTO NA LIBERTAÇÃO

Esses ciclos de maldições hereditárias são quebrados na vida do crente através de renúncias, arrependimento e pedido de perdão a Deus pelos pecados cometidos pela pessoa e/ou seus ancestrais.

Pedir perdão a Deus significa primeiro reconhecer que temos pecados. O ato de confessar nos permite aceitar nossa culpa e a especificar nossas falhas para que possamos receber perdão de Deus.

"Se confessarmos os nossos pecados, ele é fiel e justo para nos perdoar os pecados e nos purificar de toda injustiça" (1 João 1:9).

Renunciar significa desassociar-se, deixar de pertencer e parar de praticar alguma coisa. A importância da renúncia, no processo de libertação, é que: *"mas o que as confessa e deixa alcançará misericórdia"* (Provérbios 28:13).

PERDÃO

Este é um ato de grande importância no processo de libertação por várias razões.

Primeiramente, "a falta de perdão" é um dos pecados que mais atrai espíritos associados. A falta de perdão opera, através das pessoas, em conjunto com a amargura, ódio, ressentimento, dureza, irritabilidade, desconfiança, raiva, crítica, luta e amargura entre muitos outros.

Pessoas que não perdoaram não podem ter uma vida cristã vitoriosa porque suas intercessões não podem sequer passar do teto de suas casas. Aquele que não perdoou, não pode desfrutar dos benefícios da intercessão.

"Portanto, se trouxeres a tua oferta ao altar e aí te lembrares de que teu irmão tem alguma coisa contra ti, deixa ali diante do altar a tua oferta, e vai reconciliar-te primeiro com teu irmão, e depois vem, e apresenta a tua oferta" (Mateus 5: 23-24).

Outra razão pela qual nós, como intercessores, devemos prestar especial atenção ao perdão é porque a pessoa que não perdoou, não pode receber libertação. Ela nem pode ser salva. A Bíblia diz que se você não perdoar as ofensas de seus irmãos, Deus não perdoará as suas (Mateus 6: 14-15).

Se não somos perdoados por Deus, não podemos ser libertos, nem salvos! É o perdão de Deus que nos torna dignos da vida eterna. Tudo isso, conforme acabei de mencionar, é a obra do Espírito Santo em nós.

É por esse motivo que se torna indispensável: a orientação, direção, unção, poder, autoridade, apoio, sabedoria e força que nos são dadas pelo Espírito Santo quando temos uma vida de intimidade com ele. Somente agora, seremos capazes de realizar este ministério de intercessão com sucesso.

Quando convidamos o Espírito Santo a entrar em nossas vidas e estabelecemos um relacionamento íntimo com ele, damos o direito legal de assumir o controle de todas as áreas em nossas vidas sempre que precisarmos de sua ajuda.

AMAR AOS NOSSOS INIMIGOS

"Ouvistes que foi dito: Amarás o teu próximo e aborrecerás o teu inimigo. Eu, porém, vos digo: Amai a vossos inimigos, bendizei os que vos maldizem, fazei bem aos que vos odeiam e orai pelos que vos maltratam e vos perseguem" (Mateus 5:43-44).

Penso que este é um dos mandamentos de Jesus que mais nos parece injusto como crentes. Isso tem feito às pessoas perguntarem: "Por que deveria eu amar aqueles que me odeiam e abençoar aqueles que me amaldiçoam? Poderia até parecer bem melhor se, talvez, Jesus considerasse nos instruir a simplesmente ignorar nossos inimigos.

Dessa maneria, não estaríamos odiando nossos inimigos, mas também não teríamos o dever de cumprir a difícil tarefa de "amá-los e abençoá-los".

É importante ressaltar que uma das missões de Jesus ao vir à Terra foi trazer um novo modelo que devemos seguir para nossas vidas. (Bastante diferente dos cânones das leis éticas e morais de seu tempo). Um de seus principais objetivos era trazer outro tipo de governo. Isso significa uma mudança na mentalidade das pessoas.

"...Porque o SENHOR tem contenda com as nações, entrará em juízo com toda a carne..." (Jeremias 25:31).

A expressão no livro de Mateus denota a missão de Jesus que é aquela de estabelecer o Reino de seu Pai aqui na terra (Mateus 5:43).

Não é apenas o povo na época de Jesus que teve dificuldades para assimilar as particularidades de seus ensinamentos e o *"modus operandi"* do governo que ele pretendia estabelecer. Nós também, nascidos neste século, às vezes temos dificuldades em interpretar os ensinamentos de Jesus.

Devo admitir que partes das escrituras também me perturbaram por muito tempo, pois eu não as entendia muito bem. (Nós, como seres humanos, sempre temos dificuldades em entender aquilo que é contrário aos desejos da nossa carne). Porém, um dia, depois de um exaustivo tempo de oração com Deus, o Espírito Santo falou ao meu espírito e disse: "Você sabe por que razões insisto para que meu povo ame e abençoe seus inimigos? Para que o reino das trevas não tenha motivos para acusá-los."

Lembra-se da história de Jó, quando Satanás foi ao céus e tentou questionar a fidelidade de Jó com relação a Deus com o objetivo de ter algum argumento para poder acusá-lo? Outra coisa que o Espírito Santo me disse: "Lembre-se de que uma das facetas de Deus é a do justo juiz ".

Quando oramos, apresentamos nosso caso diante Dele. Como justo juiz, Ele avaliará nosso caso e, quando descobrir que temos um histórico limpo, o que significa que nenhum dos argumentos apresentados contra nós poderá "se sustentar", aí então ele decidirá em nosso favor.

"*...O Senhor tem contenda com as nações, entrará em juízo com toda a carne...*" (Jeremias 25:31).

Quando oramos por esses inimigos que estão nos atacando e clamamos por justiça, nosso Pai celestial inclinará seus ouvidos para nós e começará a avaliar todas as coisas que temos feito contra aqueles que nos machucaram e perseguiram. Dependendo de como os amamos e os abençoamos, o Pai nos concederá de acordo com o que pedimos.

Outra razão para amarmos nossos inimigos é que eles são aqueles que nos impulsionam a alcançar nosso destino profético. Você já pensou como seria nossa vida sem oposição, sem inimigos ou gigantes para vencermos?

São os nossos inimigos que nos trazem à presença de Deus em humilde necessidade de ajuda. São eles que nos motivam a orar mais, jejuar mais, etc. São também nossos inimigos que nos ajudam a descobrir todo nosso potencial.

Quando ouvimos o que nosso inimigo está dizendo sobre nós, quase sempre pensamos que eles estão errados. Este ato nos motiva a demonstrar ao mundo o oposto do que está sendo comentado.

OS INIMIGOS NOS FAZEM DESCOBRIR NOSSO POTENCIAL

"E, estando ele ainda falando com eles, eis que vinha subindo do exército dos filisteus o homem guerreiro, cujo nome era Golias, o filisteu de Gate, e falou conforme aquelas palavras, e Davi as ouviu"(1 Samuel 17:23).

Davi o salmista, havia sido ungido pelo profeta. A Bíblia diz que daquele dia em diante, o Espírito do Senhor veio sobre Davi (1 Samuel 16:23). Contudo, Davi manteve-se como um simples pastor de ovelhas. Nada mudara na sua vida.

Davi não conhecia os propósitos de Deus para sua vida. Ele foi ungido, Deus tinha planos para ele e sabemos que fora preenchido com os potenciais necessários, mas Davi não os havia explorado ainda até que ouviu as palavras de seu inimigo:

"E, estando ele ainda falando com eles, eis que vinha subindo do exército dos filisteus o homem guerreiro, cujo nome era Golias, o filisteu de Gate, e falou conforme aquelas palavras, e Davi as ouviu" (1 Samuel 17:23).

Foi então que Davi soube que tinha potencial e disse corajosamente: " Assim, feriu o teu servo o leão como o urso; assim será este incircunciso filisteu como um deles; porquanto afrontou os exércitos do Deus vivo" (1 Samuel 17:36).

Deus já preparava Davi, desde a infância, para aquele momento no tempo! Porém, somente quando ouviu a voz de seu inimigo que Davi sentiu o desafio sobre si, o gatilho que o fez descobrir seu potencial, bem como o propósito de Deus para sua vida.

Qual a importância de descobrimos nosso potencial?

O potencial é um talento desconhecido e inexplorado. Todo ser humano que veio a esta terra não está aqui por mera chance. Cada pessoa veio com um propósito dado por Deus para cumprir uma missão específica.

A missão que apenas aquele indivíduo poderá cumprir, porque aquela pessoa foi capacitada e ungida por Deus para tal. *"Os teus olhos viram o meu corpo ainda informe, e no teu livro todas estas coisas foram escritas, as quais iam sendo dia a dia formadas, quando nem ainda uma delas havia"* (Salmo 139:16).

A DESCOBERTA DE NOSSO POTENCIAL

A primeira coisa que devemos fazer para descobrir nosso potencial é perguntar a nós mesmos: o que tenho que me faz diferente e incomum do restante? O que posso fazer com um baixo grau de dificuldade, sem me custar tanto esforço? Falar, cozinhar, cantar, ser um líder de grupo, trabalhar com crianças, escrever, etc.?

Certamente que as coisas que podemos realizar com desenvoltura é onde se encontra o nosso potencial. O potencial é um talento que Deus tem nos dado antes do nascimento para nos garantir que seremos seres humanos bem sucedidos.

Em geral nos toma tempo decodificar estes códigos secretos encontrados em nosso espírito. Às vezes eles são encontrados escondidos por trás de certas circunstâncias. Davi havia sido capacitado por Deus para matar gigantes, conquistar reinos e conduzir nações. Contudo, Deus estava utilizando o potencial de Davi, embora ele tenha começado como um simples pastor de ovelhas.

O APREÇO PELO PROCESSO

Gostaria de esclarecer algo aqui. Eu não quis dizer que foi errado para Davi ser pastor de ovelhas. Muitas vezes cometemos o erro de subestimar o local no qual nos encontramos e como nos enchemos de amargura ao pensarmos no lugar onde gostaríamos de estar. Nos esquecemos de que Deus não é Deus de eventos, mas de processos.

Conseguir descobrir e subsequentemente explorar nosso potencial no Reino não acontecerá da noite para o dia. Isso envolve um processo.

O tempo em que Davi pastoreou suas ovelhas não foi em vão. Davi aprendeu várias habilidades que serviram como uma plataforma para sua próxima estação.

Durante aquele tempo, Davi aprendeu a ser disciplinado, ter paciência, usar a intuição ou o bom senso, liderar as multidões, matar gigantes, lutar para ter coragem.

Todas essas eram as qualidades necessárias para um bom pastor, mas ao mesmo tempo eram qualidades que Davi precisava desenvolver a fim de completar o propósito de Deus. Davi precisava destas habilidades para que Deus pudesse estabelece-lo como Rei de Israel e para que tivesse êxito em sua posição. Deus estava equipando e preparando Davi para ser um bom rei.

O perigo com que as vezes nos deparamos quando estamos no processo de sermos equipados para receber o que Deus tem reservado para nós, é que nos acomodamos com as nossas circunstâncias muito facilmente. Começamos a ver as circunstâncias as quais vivemos como se fosse nosso final, quando na verdade nem percebemos que só estamos de passagem rumo ao nosso destino.

O deserto não é nosso final, só estamos passando por ele a caminho da terra prometida!

Embora Davi amasse pastorear suas ovelhas, aquele definitivamente não era o plano de Deus para sua vida. Mas, Davi não sabia disso naquele tempo. Foram seus inimigos que o conduziram para descobrir o plano de Deus para sua vida e para onde seu destino, definitivamente o levaria.

OS INIMIGOS NOS FORÇAM A TOMAR DECISÕES

"A envergonhada e triste Ana, provocada e ridicularizada por sua rival, pois o Senhor não lhe dera filhos" (1 Samuel 1:6).

Vamos relembrar a história de Ana mais uma vez, a mãe do profeta que ungiu Davi, Samuel. Ana vivia constantemente atribulada em seu espírito. Era constantemente irritada por sua inimiga, Penina. A Bíblia diz que Ana, um dia se levantou para tomar uma decisão motivada pelo escárnio de sua inimiga.

As palavras de crítica, arrogância e censura de sua inimiga foi o que deu a Ana a coragem para tomar a decisão e abordar seu Pai celestial em oração e assim mudar sua situação de desespero.

"Ana falava no seu coração; só se moviam os seus lábios, e não se ouvia a sua voz" (1 Samuel 1:13).

O que acontece com muitos de nós é que permitimos as vozes do inimigo nos intimidarem ao invés de nos motivar a fazer algo. Fazemos isso porque geralmente nos esquecemos do fato de que estas pessoas são nossas inimigas, o que significa que farão e dirão qualquer coisa sobre nós, completamente contrária ao que estão realmente pensando.

Outro ponto importante é que ninguém vai considerar alguém como um inimigo, exceto se um grande potencial não for visto nessa outra pessoa. Já foi dito uma vez, que "a inveja é uma forma de admiração distorcida ou mal direcionada".

Voltando novamente à história de Ana, a Bíblia diz que seu marido tinha duas esposas: Ana e Penina. Elcana amava muito a Ana e isso causou um imenso ciúme em Penina que se tornou sua inimiga. Contudo, ao mesmo tempo, esse conflito ajudou a impulsionar Ana para seu destino de se tornar a mãe do profeta Samuel.

Deus usará seus inimigos para motivá-lo a tomar decisões que te fará alcançar novos níveis preparados por Deus para você. Ame seus inimigos!

OS INIMIGOS TE APROXIMAM DO TEU DESTINO

"Eles o viram de longe e, antes que chegasse aonde estavam, conspiraram contra ele, para o matarem" (Gênesis 37:18).

A mente humana possui a capacidade de maximizar ou minimizar situações. Como crentes, muitas vezes damos mais poder ao inimigo sobre nossas vidas do que aquele que Deus diz em sua palavra que possuimos.

No livro de Gênesis, a Bíblia fala sobre José que possuia inimigos incomuns. Seus próprios irmãos que conspiraram contra ele para matá-lo, apenas por inveja.

José foi o pivô de muitos ataques propagados por seus inimigos.

Primeiro, eles o lançaram em uma cisterna para matá-lo, porém a cisterna estava vazia. Então seus irmãos o venderam como escravo para os ismaelitas (Gênesis 37: 24-27).

Depois disso, os ismaelitas o venderam a um egípcio de nome Potifar que por conincidência era oficial do Faraó egípcio (Gênesis 37:36). Certa vez, José foi falsamente acusado pela esposa de Potifar no Egito sendo então encarcerado (ver Gênesis 39).

Toda situação na vida de José parecia cada vez pior. Tudo indicava que o inimigo havia destruído o sonho de Deus para vida de José.

Imagino quantas perguntas poderiam estar passando pela cabeça de José, especialmente quando foi aprisionado por um crime que não cometeu. Indagações tais como:

O que aconteceu com o sonho de se tornar rei que eu tinha quando criança?

Por que estas coisas aconteceram comigo?

Por qual motivo o mal triunfa sobre o bem?

Deus esqueceu de mim?

O propósito de Deus para minha vida termina aqui?

Por que motivos, nós que tentamos ser fiéis a Deus temos que terminar assim?

Estas são apenas algumas das perguntas que passavam pela mente de José devido ao enorme sentimento de angústia causado por seus inimigos. Sua angústia fez com que sua visão espiritual ficasse turva, o que fazia com que acreditasse que seus inimigos estavam vencendo. O que ele não conseguia ver era que Deus o estava posicionando para coisas muito maiores que estavam por vir. Cada ação do inimigo contra José o aproximava cada vez mais de seu destino que Deus preparara para ele.

Talvez, José pode ter pensado consigo mesmo que o tempo passado na casa de Potifar já era a realização destes sonhos que Deus havia lhe mostrado. Contudo, sabemos que não era a conclusão dos planos de Deus para José.

Era somente o período de treinamento que equiparia José para que pudesse continuar para estar em conformidade com seus propósitos.

Deus sempre permitirá situações em nossas vidas a fim de nos posicionar para o próximo nível. Aprenda a identificá-los!

DEUS ESTÁ A TE POSICIONAR

Durante o tempo que José esteve na prisão, Deus lhe deu sabedoria para interpretar vários sonhos como parte de seu programa de treinamento que o guiaria e prepararia para seu *gran finale*. Cada uma das interpretações dos sonhos de José era precisa.

E naqueles dias, Faraó também teve um sonho e não conseguindo encontrar em todo Egito quem pudesse decifrá-lo, o nome de José foi sugerido (Gênesis 41). A história nos diz que Deus não apenas deu a José a interpretação do sonho, mas também a solução do problema exposto, o que fez com que Faraó apontasse José como governador de todo o Egito.

"Tu estarás sobre a minha casa, e por tua voz se governará todo o meu povo; somente no trono eu serei maior que tu" (Gênesis 41:40).

O que vemos nesta história de José é que não importam as circunstâncias envolvidas em sua jornada, todos os eventos que aconteceram apenas o empurraram para cada vez mais perto de seu destino e propósito que Deus preparara para ele. Cada ação maliciosa cometida por seus inimigos o aproximou do trono.

Podemos observar que uma vez posicionado no lugar que Deus tinha para ele, José não fez nada, exceto agradecer a Deus por seus inimigos e nunca mais os viu como inimigos.

Ele os viu como "parteiras" que o ajudaram a dar à "luz" aos planos de Deus para sua vida.

"Agora, pois, não vos entristeçais, nem vos aborreçais por me haverdes vendido para cá; porque para preservar vida é que Deus me enviou adiante de vós" (Gênesis 45:5).

Os inimigos de José o impulsionaram para ver seu propósito e sua missão como governador do Egito. Até mesmo mais tarde, José descobriu a razão pela qual Deus havia destinado aquela posição para ele: *"Deus enviou-me adiante de vós, para conservar-vos descendência na terra, e para guardar-vos em vida por um grande livramento"* (Gênesis 45:7).

O PORQUÊ DA LONGA ESPERA

"E José apressou-se, porque se lhe comoveram as entranhas por causa de seu irmão, e procurou onde chorar; e, entrando na sua câmara, chorou ali" (Gênesis 43:30).

Muitas vezes nos perguntamos o porquê de passarmos por tantas situações difíceis antes de ver o plano de Deus cumprido em nossas vidas. Eu havia dito que Deus era um Deus de processos. É exatamente durante nossos processos que Deus usa nossas habilidades para polir as arestas do nosso caráter e para circuncidar nossos corações.

Em continuação com a história de José, podemos observar que aquele José que apareceu pela primeira vez no Egito, não era o mesmo José que o Faraó designou como governador do Egito. O José que chegou ao Egito era um rapaz muito assustado e tímido; ele era o resultado de todas as experiências ruins que sofrera até ali.

É provável que com o passar do tempo, José estivesse abrigando algum tipo de raiva ou ressentimento contra seus irmãos pelo que eles haviam feito. Provável também que os pensamentos de vingança tenham florescido no coração de José.

Entretanto, o José que observamos depois de posicionado governador do Egito é um José perdoador, sensível e consciente de sua missão no Reino de Deus.

É por este motivo que Deus permite que os processos aconteçam em nossas vidas. Todos esses momentos tão dolorosos para nós são apenas para nos tornar mais fortes e sábios. Quando enxergamos todas as situações negativas no nosso entorno, parece que estamos nos afogando. Começamos a ver pessoas que nem sequer conhecemos se levantarem contra nós com informações falsas e isso sem provocações. Os que nos auxiliam nos deixam e parece que estamos sozinhos. É durante esse "deserto"que Deus quer que desenvolvamos várias coisas em nosso caráter que consequentemente nos levarão a explorar nosso potencial.

A Biblia não menciona nada sobre José ter a capacidade de interpretar sonhos antes de ser encarcerado no Egito. Muito pelo contrário, apresenta-nos um José com um maravilhoso dom de revelação desde a mais tenra idade. Deus revelou seu futuro através de seus sonhos, mas José não conseguiu interpretá-los naquele momento. Foi apenas na prisão do Egito, em extrema adversidade, que seu potencial lhe foi revelado.

Outro aspecto que Deus trabalhou na vida de José, ao longo de seus dias no deserto, foi auxiliá-lo a descobrir o real propósito pelo qual o levara ao Egito.

"Assim não fostes vós que me enviastes para cá, senão Deus, que me tem posto por pai de Faraó, e por senhor de toda a sua casa, e como governador sobre toda a terra do Egito" (Gênesis 45:8).

Ainda outro ponto elaborado por Deus na vida de José, durante seu processo, foi aquele de reconhecer a preponderância do perdão. Durante o tempo em que aguardamos o que Deus tem nos prometido, nossos verdadeiros motivos nos são revelados.

Por estar em uma posição de poder sobre seus irmãos, José poderia ter se vingado deles. Entretando, sua reação de perdão demonstrou extamente o contrário. Ele chorou, perdoou-os, honrou-os e disse-lhes para não se preocuparem pois havia entendido a razão pela qual tudo havia acontecido, pois era apenas parte do plano de Deus para sua vida (Gênesis 43:30 e 45: 5).

Enquanto continuarmos honrando a Deus, Ele continuará concedendo a todos nós o que reservou para nossas vidas.

Ana honrou a Deus, entregando seu filho Samuel no templo. Davi honrou a Deus colocando-o em primeiro lugar sempre durante seu reinado sobre Israel. José honrou a Deus através sua integridade e amor por seus inimigos.

O MEDO

"Porque Deus não nos deu o espírito de covardia, mas de poder, de amor e de moderação" (2 Timóteo 1:7).

Através deste versículo, podemos entender que o medo é um espírito. Eu ousaria ir mais longe e dizer que é um dos espíritos com maior número de atribuições no reino das trevas.

Todos nós em algum momento da vida já fomos tentados ou convencidos por esse espírito. Os ataques demoníacos mais bem sucedidos são aqueles diretamente direcionados às nossas emoções tais como ira, conflito, ansiedade, dúvida, depressão, etc. O medo é um desses espíritos.

Curiosamente, assim como os animais selvagens que podem sentir quando uma pessoa ou outro animal está com medo, o reino das trevas, de igual modo, pode captar quando estamos sendo intimidados pelas idéias do medo que eles ministram às nossas mentes.

POR QUE O REINO DAS TREVAS UTILIZA O MEDO

O medo é uma das armas mais sutis e poderosas em operação pelo reino das trevas. O medo é também um ataque direto que afeta nossas emoções nos impedindo de perceber que estamos sendo sutilmente atacados pelo inimigo.

Posso dizer que o medo é uma das armas mais poderosas pois nos paralisa, nos impede de pensar com coerência, estabelece uma barreira mental que nos impede de ver as coisas em suas devidas e verdadeiras dimensões. O medo também distorce nossa percepção real do problema e nos limita e impede de tomar decisões de maneira assertivas.

Entretando, o maior perigo está no aspecto espiritual do medo. Conforme observamos antes, o medo bloqueia nossa mente. Isso nos faz focar todos os nossos pensamentos e energias no problema, dando as circunstâncias uma enorme dimensão até ampliá-la ou torná-la ainda maior do que realmente é.

Uma das armas espirituais mais poderosas de todos os crentes é o louvor e a adoração. É a chave que abre a porta e nos dá acesso ao Pai. Uma vez que acessemos o Pai em adoração e louvor, seu coração se abre em misericórdia e amor e o Espírito Santo começa a nos encher.

Contudo, quando estamos atormentados pelo espírito de medo, com nossas mentes bloqueadas, não podemos chegar aos níveis mais profundos de adoração e, desta feita, não conseguimos receber as revelações do Espírito Santo.

Não podemos receber o direcionamento nem a luz ou tampouco as estratégias nem a visão que vem do Pai, por meio do Espírito Santo. Isso significa que estamos perdidos completamente, como um navio sem capitão. Quando não conseguimos ser guiados por Deus, ter uma vida vitoriosa torna-se impossível. A comunicação de mão dupla que temos com o Pai, através de nossas orações, é algo que Satanás fará de tudo para retirar de nossas vidas.

O MEDO NOS ENFRAQUECE

Outro efeito adverso que o medo tem sobre nossa fé é que nos rouba nossa alegria.

"Portanto não vos entristeçais, pois, a alegria do Senhor é a vossa força " (Neemias 8:10).

Então se a alegria do Senhor é a nossa força, isso significa que sem alegria, somos enfraquecidos. Outra razão pela qual o inimigo nos ataca através do medo é para nos enfraquecer. Um guerreiro que foi enfraquecido tem poucas chances de ganhar uma batalha.

O MEDO NOS LIMITA

O medo nos impede de nos movermos para um próximo nível. Não nos permite avançar pois bloqueia nossa habilidade de processar ideias devidamente nos limitando em nossa criatividade.

Outro aspecto que o medo provoca é que ele nos impede de explorar nosso potencial integral. O medo nos distrai mantendo nossa visão fixa em ameaças de nosso inimigo e em nossas circunstâncias. Começamos a pensar em coisas tais como:

"Outros tentaram e falharam, e eu também não vou conseguir".

"Todo mundo diz que não vou conseguir fazer isso".

"Eu acredito que não seja o momento certo, talvez mais tarde".

"E se eu falhar, e se eu não conseguir; o que os outros vão achar?"

Estes são muitos entre os pensamentos que alimentam e nutrem nossas mentes com este espírito de medo.

É por confundimos nossas mentes com questões como "o que as outras pessoas vão pensar?", que Deus permite que passemos por processos em nossas vidas. Assim, precisamos aprender por meio de nossos processos, a colocar de lado a vontade de agradar a outras pessoas, o que na realidade este é um dos objetivos mais fracassados que podemos tentar almejar.

Nunca conseguiremos agradar a todos. Entretanto, nosso real compromisso e o mais importante deve ser o de agradá-Lo.

Quando primeiro buscamos o favor de Deus, Ele se encarregará de colocar o favor sobre nós diante de outra pessoa.

O MEDO SE EXPRESSA EM ALTA VOZ

Outra consequência perigosa do medo sobre nossa fé é que muitas vezes, as vozes que ministram o medo são ouvidas bem mais alto que a voz de Deus em nossas vidas. Outro grande dilema é que não apenas o inimigo nos ataca através de nossas mentes como se fosse um pensamento; o Espírito Santo também se comunica conosco através de nossa mente.

O problema em questão é que quando estamos sob ataques pelos espíritos do medo, tudo o que o Espírito Santo tenta nos comunicar é rebatido por um pensamento contrário induzido pelo espírito do medo. Aqui temos um exemplo. Por meio de seu Espírito Santo, Deus, fala conosco e nos afirma que nos dará o lar o qual pedimos em oração. Vem então espírito do medo e coloca em nossa mente pensamentos tais como:

"Como Deus te dará isso?"

"Você não tem recursos suficientes para esta casa".

"Anteriormente você tentou e fracassou."

"Seu vizinho teve uma melhor chance que você e foi negado a ele."

Aquelas vozes do medo tentam obscurecer a voz do Espírito Santo em nós e começamos a esquecer quando Deus nos promete algo; não é o nosso papel racionalizar como Ele fará isso. Nossa função é crer no que Ele nos prometeu!

"Então lhes tocou os olhos, dizendo: Seja-vos feito segundo a vossa fé!" (Mateus 9:29).

CONTRA-ATACAR!

Uma das armas mais eficazes contra o espírito do medo é aquela utilizada por Jesus quando ele saiu do jejum quarenta dias e foi tentado por Satanás.

Quando Jesus foi tentado pelo diabo, ele nem sequer ponderou com as ideias que estavam sendo ministradas pelo inimigo. Jesus não ficou em silêncio, nem começou a racionalizar as palavras do diabo para ver até que ponto eram verdadeiras. Jesus simplesmente contra-atacou (Mateus 4).

A melhor maneira de sabermos quando estamos sob ataque por um espírito do medo é que este sempre ministrará o oposto do que Deus tem nos dito através das escrituras.

Por algum motivo, uma das expressões mais conhecidas encontradas na Bíblia é: *"não tenha medo" ou não temais*. O Senhor sabia que teríamos que lidar com aquele espírito com bastante frequência. Contudo, tenho boas novas: o espírito do medo é enviado apenas para indivíduos que têm um grande potencial em Deus para atrapalhar seus objetivos, de alcançar seu destino em Deus.

Uma das maneiras de combater esse espírito do medo é através da *"espada de dois gumes"*: a Palavra de Deus. Quando Satanás disse a

Jesus: *"Se você é o Filho de Deus, manda que essas pedras se tornem em pães"* (Mateus 4: 3).

Jesus contra-atacou com a Palavra e disse: *"Nem só de pão viverá o homem"* (Mateus 4:4).

Outra arma poderosa contra o espírito do medo é fazer exatamente o oposto do que o espírito está nos ministrando. Se o inimigo estiver tentando nos parar para não nos movermos adiante, em direção aos nossos objetivos com Deus, então contra-ataque- o!

Se o espírito do medo ministrar a você e disser " você não pode fazer isso, você não vai conseguir", responda com: *"Posso todas as coisas naquele que me fortalece"* (Filipenses 4:13).

Se o espírito do medo te disser, "você não terá sucesso em sua família, ninguém nunca conseguiu este feito", contra-ataque respondendo: " Jesus havendo riscado a cédula que era contra nós nas suas ordenanças, a qual de alguma maneira nos era contrária, e a tirou do meio de nós, cravando-a na cruz" (Colossenses 2: 14-15).

Se você estiver sendo ministrado de que "é pobre, não tem dinheiro para isso ou aquilo", contra-ataque dizendo; *"O meu Deus, segundo as suas riquezas, suprirá todas as vossas necessidades em glória, por Cristo Jesus"* (Filipenses 4:19).

Ou quando lhe disserem que "o inimigo é mais forte que você", você não o derrotará. Contra-ataque dizendo, *"O Senhor é o meu ajudador, e não temerei o que me possa fazer o homem"* (Hebreus 13:6).

A chave para derrotar com sucesso o espírito do medo é fazer exatamente o oposto do que eles estão ministrando a você e contra-atacar com a Palavra de Deus. Não devemos esperar até que sejamos derrotados pelo medo de fazermos o que somos chamados para fazer, mas ao contrário, contra-ataque, apesar de seus medos. Por isso a Bíblia nos ensina, *"resisti o diabo na fé e ele fugirá de vós"* (Tiago 4:7). Como parte de resistirmos o diabo, devemos nos manter firmes na Palavra de Deus, não importa o que ele tente fazer para nos deter.

O LUGAR SECRETO

"Mas tu, quando orares, entra no teu aposento e, fechando a tua porta, ora a teu Pai, que vê o que está oculto; e teu Pai, que vê o que está oculto, te recompensará" (Mateus 6:6).

Podemos observar que sempre que Deus desejava lidar com o homem, Ele o separava da multidão.

Também podemos observar que quando Deus desejava estabelecer um contato íntimo com o homem em bases regulares, Ele o fazia em lugares remotos e em tempos de extrema solidão. Lembremo-nos do caso de Jacó, por exemplo, e seu encontro com Deus que mudou seu destino para sempre, quando Jacó viu uma escada que ligava os céus e a terra e anjos que dela subiam e desciam.

Este encontro direto entre Jacó e seu Deus aconteceu em um momento de extrema solidão na vida de Jacó. Ele se separara de sua família recentemente e de seus entes queridos em plena fuga de seu irmão, Esaú. Naquele momento era um estrangeiro em uma terra estranha (Gênesis 28:10-22).

A mesma coisa aconteceu com Moisés. Quando Deus queria se comunicar diretamente com ele, Deus o separava da multidão, ordenava que subisse a montanha e lá lhe falava.

"Então, disse o Senhor a Moisés: Sobe a mim, ao monte, e fica lá; e dar-te-ei tábuas de pedra, e a lei, e os mandamentos que tenho escrito, para os ensinares" (Êxodo 24:12).

Lembremo-nos também do caso de Abraão quando Deus o disse, "sai-te da tua terra, e da tua parentela, e da casa de teu pai, para a terra que eu te mostrarei" (Gênesis 12:1). Enquanto Abraão estava naquela terra, a Bíblia nos diz que sempre que Deus queria lidar com ele, buscava quando Abraão se encontrava sozinho: "Então, o levou fora e disse: Olha, agora, para os céus e conta as estrelas, se as podes contar. E disse-lhe: Assim será a tua semente" (Gênesis 15:5).

Através destas histórias podemos ver a necessidade de Deus em se comunicar com sua criação e de ser íntimo conosco. O problema é que às vezes, são tantas vozes na multidão sussurrando em nossos ouvidos que não podemos ouvir a voz de Deus.

Às vezes, estamos tão fixados em atender nossas necessidades físicas diárias que não paramos para ouvir sua voz. Ou estamos tão acomodados em nossa situação que nem sequer prestamos atenção no que Ele nos fala.

Para mim está claro que este é o lugar em que Deus deseja que estejamos, sozinhos com Ele, para que Deus tenha para si toda nossa atenção e possa revelar seu propósito conosco, nos capacitando para nosso destino.

A IMPORTÂNCIA DE UM LUGAR SECRETO

Torna-se essencial para cada crente, chamado para servir em uma área do ministério, ter um "lugar secreto". O lugar secreto é aquele espaço de sua casa ou habitação reservado para falar com Deus.

Quando as distrações externas aumentam, atrapalhando nossa fé, torna-se cada vez mais essencial que encontremos um ponto de encontro entre o Espírito de Deus e nós, seus filhos.

É no lugar secreto onde aprendemos a ouvir a voz do Espírito Santo.

Nunca conseguiremos identificar a voz do Espírito Santo em um âmbito público se não aprendermos a ouvir no privado.

É no lugar secreto que somos corrigidos pelo Espírito Santo.

É no lugar secreto em que nosso propósito é revelado e somos capacitados por Deus através de seu Espírito para operar através dos dons de acordo com nosso chamado.

É no lugar secreto onde somos treinados por Deus para sermos vitoriosos em nossos chamados. É neste lugar que recebemos as estratégias do Reino de Deus para sermos capacitados na condução de nossa missão.

É neste lugar secreto onde recebemos nossas revelações e somos ensinados por Deus para operarmos no sobrenatural.

Não existiria um Davi sem a caverna de Adulão. Não existiria um Moisés sem um deserto. Não existiria um José sem uma prisão. É no lugar secreto onde somos treinados, corrigidos e capacitados por Deus para alcançarmos nosso destino e propósito.

DO ESPÍRITO PARA O ESPÍRITO

Sempre escuto as pessoas dizerem: "Se Deus é onisciente e posso falar com Ele em qualquer local que me encontrar, por que motivo devo ter um lugar secreto"? Precisamos de um lugar secreto por várias razões. Primeiramente quando separamos um espaço em nossa casa para orar, estamos dizendo a Deus, "Tu és parte de minha família."

Quando nos dirigimos ao nosso lugar secreto estamos tirando tempo de nossa agenda diária para devotar e fomentar nosso relacionamento com Deus dando a Ele espaço em nossa agenda. Todos os dias dedicamos nosso tempo a tudo que consideramos importante ou indispensável em nossas vidas. Tiramos tempo para o trabalho, para comer, tomar banho, etc. Tudo isso é muito importante, mas só beneficia o corpo físico e não somos apenas um corpo!

Somos espírito, temos uma alma e um corpo. Quando tiramos tempo com Deus, nutrimos assim nosso verdadeiro eu. O Espírito de Deus não se comunica com nosso corpo (carne), mas com nosso espírito. É neste lugar secreto onde nossa humanidade (carne) é deixada de lado e permitimos que nosso espírito se comunique com Espírito do Pai. É neste lugar em que os grandes mistérios e segredos do Reino de Deus são revelados a nós.

O grande dilema, com o qual nos deparamos como crentes, é que geralmente queremos ter um grande ministério, reconhecido por muitos, mas nos recusamos, primeiramente, conhecer o Deus que faz grandes coisas no lugar secreto. Voltemos agora por um momento à história de Abraão.

Antes de Abraão ser chamado pai da fé e antes ainda de ter lhe sido dito que seus descendentes se tornariam uma grande nação, ele conversou com Deus por longos anos em total privacidade e em obediência a Ele com relação a situações duras e difíceis, tais como ter que sacrificar seu próprio filho.

Moisés, antes de se tornar o libertador de Israel, quando este era escravo no Egito, também teve que passar muito tempo ouvindo e obedecendo a voz de Deus no local secreto. Quando Moisés começou a ouvir voz de Deus, nem ele sabia com quem falava (Êxodo 3: 13-14). Foi depois de várias conversas com Deus que Moisés aprendeu a identificar a voz de Dele.

O PROCESSO DE TREINAMENTO

O processo de treinamento é aquela situação que vem para vida de cada crente em que somos removidos de nossa "zona de conforto". Onde tudo é escasso. Quando nossos amigos se afastam de nós e somos testados em todas as áreas de nossas vidas: financeira, saúde, casamento, etc. Este processo geralmente vem para nossas vidas sem explicações humanas e com um propósito divino para nos treinar para que consigamos atingir nosso destino.

Antes de recebermos tudo que Deus tem designado para nós passamos por um processo de treinamento em diferentes áreas. Uma delas é aprender a ouvir a voz de Deus. Não saberíamos como identificar sua voz se Ele nos colocasse em multidões onde todos falassem ao mesmo tempo sobre o que devemos fazer ou não fazer. Primeiro devemos aprender a ouvir sua voz, *"em segredo."*

Outra área em que somos treinados antes de recebermos tudo que Ele tem nos prometido é em obediência. Aprender a ouvir a voz de Deus e sua palavra. Podemos ser muito bons em ouvir e identificar a voz de Deus, mas não obedecemos ou seguimos corretamente suas instruções, portanto, nossos esforços tornam-se sem valor.

Muitas vezes tendemos a pedir ao Espírito Santo que nos revele a vontade do Pai e que derrame sua luz sobre nós para que possamos saber que decisão tomarmos diante de nossas circunstâncias. O Espírito Santo, em contrapartida, está à espera para que obedeçamos suas primeiras instruções que havia dado a nós, antes de nos revelar os próximos passos.

Outra área na qual Deus nos treina antes de entramos em nossa estação de abundância é aprendermos a diferenciar nossas emoções de nossa unção. Em outras palavras, saber quando é o Espírito de Deus a nos dar suas instruções ou se são nossos próprios pensamentos falando conosco. Precisamos saber quando estamos diante de uma revelação e quando são apenas nossos próprios sonhos.

A habilidade para distinguir e identificar estas dinâmicas espirituais e/ou humanas só é obtida no *lugar secreto* e no processo de treinamento.

A importância de aprender a ouvir a voz de Deus e seguir suas instruções encontra-se no fato de que uma vez chamados por Deus para trabalhar em qualquer área do ministério, Ele então se torna nosso capitão constituído e o Espírito Santo o nosso guia. Isso significa que devemos obedecer uma série de comandos e seguir certas instruções que nos guiará a explorar nosso potencial e alcançar nosso destino.

Mas para seguirmos estas instruções devidamente, precisamos primeiro aprender como identificar a voz de nosso instrutor e, em segundo lugar, obedecer suas instruções que nos guiará para que cumpramos nossa missão com sucesso.

É nesse lugar de treinamento que somos treinados no polimento de nosso caráter. É durante este período de treinamento que somos separados por Deus; todas as deficiências ou dificuldades de personalidade se tornam visíveis. A fragilidade de nossa humanidade é exposta e aí começamos a compreender que somos incapazes de fazer qualquer coisa por nossa própria força e poder. Precisamos de ajuda, força, direcionamento e graça de Deus para vivermos.

É importante esclarecer que o fato de você ter recebido prioridade no que tange ao seu espírito, também definido como o seu verdadeiro eu, não significa que o corpo que habitamos não seja importante. O corpo é o templo do Espírito Santo (Romanos 8:11). Nosso espírito sozinho sem o corpo não pode ser usado para os propósitos do Reino de Deus na terra. Uma vez equipados pelo espírito de Deus, este espírito precisa de um corpo para poder operar.

Recordo-me que há muitos anos fui ministrada por um profeta de Deus. Lembro que Espírito Santo falou comigo poderosamente através dele sobre os planos de Deus para minha vida. Quando ele encerrou a ministração, eu disse ao Senhor: "Pai, não acho que esteja pronta para realizar todas as coisas que dissestes através do profeta".

Naquele momento, ouvi a voz do Espírito Santo que me disse: "Não é tu que farás estas coisas, mas quero que saibas que as farei se estiveres disposta a me emprestar teu corpo para que eu possa operar através de ti em libertação, cura, revelação da palavra" etc. Corpos humanos que estejam disponíveis para trazer o Reino de Deus à terra.

Os processos representam apenas uma estação de treinamento que permite ao Espírito Santo se comunicar com nossos espíritos tendo como objetivo nos equipar, preparar e capacitar para executar a missão para a qual fomos criados. A razão pela qual esses processos são tão humanamente dolorosos é porque não apenas nosso espírito está treinando para a missão, mas também nosso corpo onde o Espírito operará. O corpo que o espírito habita é aquele de uma pessoa que tem vontades e desejos. Infelizmente, a vontade do corpo é contrária à vontade do Espírito Santo (Romanos 8: 5-10). Quando damos permissão ao Espírito de Deus, através da conversão para trabalhar em nossas tendências humanas, as tendências de caráter e personalidade tendem a interferir entre nosso espírito e os planos de Deus para nossas vidas e é aí onde nós, seres humanos, começamos a sentir a dor de nossa condição humana.

Por esse motivo, durante o processo, sentimos que literalmente morreremos. Pois nossa humanidade está sendo confrontada, moldada e suprimida pelos os frutos do Espírito. Há as obras da carne que devem morrer para que nosso espírito possa alcançar a dimensão destinada por Deus.

O perigo se encontra no fato de que este processo de treinamento é as vezes tão doloroso para nossa condição humana que poderá nos levar a cometer erros. Uma destas condições dolorosas, muito comum, é a condição humana do desespero. Desesperamo-nos e em nosso desejo de encontrar uma solução rápida para situação, tomamos decisões ruins. Nessas circunstâncias poderão ocorrer sérios atrasos no que diz respeito a permitirmos que o Espírito Santo use nossas vidas, prologando assim o tempo de nossa promoção.

Outra reação comum quando estamos no processo é a nossa resistência à mudança. Qualquer mudança cria resistência. Essa resistência geralmente ocorre porque na falta informação ou conhecimento. Todos nós tendemos a ter uma reação negativa ao desconhecido.

Eu raramente escuto pastores ou ministros falarem acerca desses processos. Raramente se escuta sobre esses processos. Mas permitam-me informa-lhes que todos eles são estrategicamente preparados pelo Espírito Santo para trazer mudanças em áreas específicas de nossas vidas, nos ajudando a enriquecer nosso espírito e a construir nossa fé e chamado. Eles não foram projetados para nos destruir ou para nos provocar danos, mas para nos fazer prosperar e deixar-nos cada vez mais próximos daquele lugar secreto. *Nossa busca no lugar secreto* nos permite encontrar direção, bem como um sinal que demonstra nossa completa dependência em Deus.

Outro erro, tão negativo quanto o que cometemos antes, que podemos cometer durante o processo, é que nos sentimos confortáveis e acostumados à nossa situação de limitação. Este foi o mesmo erro cometido pelo povo de Israel, um povo que vagou por tanto tempo no deserto por terem continuado com a mesma mentalidade de escravos que foram, quando na realidade já estavam libertos do Egito.

"Tendo, pois, ali o povo sede de água, o povo murmurou contra Moisés e disse: Por que nos fizeste subir do Egito para nos matares de sede, a nós, e aos nossos filhos, e ao nosso gado?" (Êxodo 17: 3).

É muito importante saber que *desertos ou processos* são situações sazonais e temporárias que definitivamente possuem suas datas de validade. O erro se encontra em acharmos, muitas vezes, que o deserto é nosso destino final e deixamos de vê-lo como um processo ou um caminho ou até mesmo o percurso de nossa bênção. De maneira nenhuma ele representa nosso final. O deserto é apenas a rota para alcançarmos nosso destino. E o caminho para encontrar nosso destino com sucesso é através do louvor e adoração, uma atitude de obediência a Deus e tempo dedicado ao Espírito Santo em nosso *lugar secreto* até que conquistemos a vitória.

O USO ADEQUADO DE NOSSA AUTORIDADE

"Pedis e não recebeis, porque pedis mal, para o gastardes em vossos deleites" (Tiago 4:3).

Um dos maiores riscos que podemos encontrar como servos de Deus é utilizar a oração e o poder que nos foi dado para alimentar nossos desejos da carne, para humilhar outras pessoas ou para acharmos que somos autossuficientes.

Um dos maiores desafios da igreja moderna no século vinte um é o de se tornar cada vez mais como nosso líder Jesus Cristo. E menciono aqui a palavra desafio, pois com tantas coisas que distraem nossa fé e com as quais nos deparamos como crentes neste século, poderíamos perder o foco original de nossa mensagem.

Corremos o risco também de distorcer esta questão de poder e domínio como uma desculpa para alimentar nosso ego e orgulho. Para manipular a outros ou acharmos que estamos acima das pessoas. O fato de Deus ter criado o homem para governar, não significa que temos permissão para fazer uso deliberado desta autoridade, nem tampouco para tripudiar ou humilhar os outros.

Muito pelo contrário. O principal objetivo de Deus em delegar este domínio foi para que fôssemos bons mordomos de toda criação e para que pudéssemos exercer autoridade sobre o reino das trevas.

Este domínio que foi dado por Deus ao homem foi para o propósito único de estabelecer o governo Dele na terra e para mudar qualquer modelo em operação que não corresponda à forma como opera no céu. Porém, infelizmente, temos administrado nosso domínio de maneira muito ineficiente nos levando a adotar atitudes materialistas, egoístas e ambiciosas.

Esquecemo-nos que a verdadeira bênção não é meramente aquela que satisfaz nosso desejo humano de posse. A verdadeira bênção é aquela que abençoa os outros, não aquela usada para exercer controle sobre os outros ou para demonstrar opulência. É aquela que vem para complementar uma vida de entrega e integridade a Deus e àquele que ama seu próximo.

Não faz o menor sentido fazer uso do poder que nos foi delegado se nosso principal objetivo não for aquele de honrar a Deus. Este poder nos foi dado para que conhecêssemos sua Palavra e que seu Reino que também é o nosso fosse expandido por toda terra.

TORNAR-SE UM MODELO PERFEITO

Um dos maiores desafios da igreja moderna é tornar-se como nosso líder Jesus Cristo. Cada dia se torna mais imperativo que sejamos mais cristãos e menos religiosos. Que nos sintamos igualmente comprometidos em imitar a pessoa de Jesus da mesma forma que nos empenhamos em seguir dogmas religiosos.

Como servos do Senhor, devemos tentar falar mais do Jesus crucificado e de demonstrar sua pessoa e missão na terra através de nosso comportamento, assim nos tornando verdadeiros discípulos.

Tudo que discutimos neste livro tem como objetivo identificar nossa missão como crentes para sermos capazes de melhor compreender qual é nossa identidade como filhos de Deus e qual é a nossa posição dentro do Reino. Com toda esta informação poderemos estar mais bem preparados para estabelecer o Reino de Deus na terra e para destruir as obras malignas do reino das trevas. Porém, esta tentativa será em vão se a pessoa de Jesus Cristo não estiver sendo refletida através de nós.

O simples ato de pregar sua mensagem nos coloca em uma posição contrária ao mundo no qual vivemos. Contudo, tê-lo como modelo, como um guia e inspiração nos garante a vitória.

Infelizmente, quando Jesus caminhou na terra, mais de dois mil anos atrás, ele teve que encarar as mesmas circunstâncias que temos diante de nós. Ele também passou por uma vida em que suas mensagens eram vistas por muitos com desprezo e indiferença assim como sua própria pessoa. Ele viveu a traição do homem que também era seu braço direito. Ele arriscou sua vida várias vezes na tentativa de promover uma sociedade justa para todos. Ele até tentou estabelecer uma perspectiva mais atualizada da sociedade, onde as diferenças de cor e condição social não existiriam. Ele enfrentou tudo isso, desde sua posição limitadora como um camponês da pequena Vila de Nazaré.

Façamos agora um breve relato do contexto histórico da vida de Jesus. Jesus era galileu. Nascido em uma pequena vila do Império Romano. Império este conhecido como o maior e mais celebrado na história, lembrado também por suas grandes conquistas, intimidação e escravização dos povos conquistados.

Seus habitantes se orgulhavam da paz que desfrutavam no império. Seus soldados foram conhecidos como *pacificadores.* Para manterem esta ideia aparente de "paz", os soldados puniam qualquer um que perturbasse a paz com a morte de cruz ou mais comumente conhecida como crucificação.

O sistema sócio-político do império era um sistema clientelista. Os mais pobres serviam os mais ricos.

César era figura principal e religiosa, a autoridade maior do império, ele era chamado de o *filho de Deus.*

Era comum que os cidadãos adorassem a César. O imperador tinha tal poder que até mesmo as moedas eram cunhadas com seu rosto. O ato de adorar o imperador era considerado como um teste de lealdade.

O lema do império era *paz e segurança* e César era chamado de o *salvador*. As *boas novas* eram apenas associadas com realizações de César.

Quanto ao aspecto religioso predominavam o judaísmo antigo e o politeísmo. Existia a crença de muitos deuses, mas apesar de tudo isso, era Roma que tinha a última palavra.

A sociedade em que Jesus viveu e cresceu era também uma sociedade hierárquica. Primeiro tinha a elite da sociedade, o que incluía o imperador, senadores, os agentes da lei, etc. Na sequência dessa hierarquia havia os militares de alta patente, comerciantes, mercadores, artesãos, camponeses, escravos, mulheres, crianças e finalmente aqueles com alguma deficiência mental ou física. Esta também era uma sociedade patriarcal.

O homem governava tudo na sociedade e em sua família, incluindo os escravos. Nesta sociedade, os escravos eram nascidos como escravos, despojos de batalhas vencidas. Escravos não podiam se casar legalmente pois eram propriedades e não pessoas.

Outro aspecto interessante desta sociedade romana em que Jesus nasceu era o tema psicossocial. Naquela sociedade autoestima não existia pois dependia dos outros, isto é, a opinião de um grupo.

"Com relação à mulher, ela era apenas a propriedade do homem, seu papel limitava-se a moer o trigo, fazer o pão, fiação e tecelagem, lavar o rosto, os pés e as mãos de seu marido e lhe dar filhos.[1]

Isso era depois do casamento. "Antes do casamento, a mulher ficava sob o controle de seu pai e irmãos." [2]

Se uma mulher ficasse viúva, retornaria para o controle de seu pai.

Esta mulher também era considerada ritualmente impura durante o período menstrual e após o parto, pessoas ou "objetos por ela tocados eram considerados contaminados."[3] Ninguém poderia abordar uma mulher sob tais circunstâncias. *"Nenhuma mulher podia falar em público. A mulher que saísse de casa sem a supervisão do homem era considerada como alguém de comportamento desviante."*[4]

A razão para todo este relato histórico que aqui faço é para que você, leitor, possa ter uma ideia melhor de todas as coisas que Jesus teve que passar em sua missão para estabelecer o Reino de Deus nesta terra. Ele precisou ir contra todo um império! O fato de Jesus ter dito, em uma sociedade elitista, que para que alguém entrasse no Reino de Deus precisava se tornar como criança, fez com que esta declaração se transformasse em uma afronta contra as normas daquela sociedade.

---

[1] José Antonio Pagola, Jesús aproximación histórica. (Buenos Aires: Claretiana, 2010), 221.

[2] José Antonio Pagola, Jesús aproximación histórica. (Buenos Aires: Claretiana, 2010), 220.

[3] José Antonio Pagola, Jesús aproximación histórica. (Buenos Aires: Claretiana, 2010), 220.

[4] José Antonio Pagola, Jesús aproximación histórica. (Buenos Aires: Claretiana, 2010), 222.

Isso se explica pelo fato de que a mulher, as crianças e os deficientes fossem considerados como os últimos daquela sociedade.

O mesmo aconteceu quando Jesus permitiu a mulher que era considerada impura tocá-lo, caminhando livremente em seguida no meio da multidão. As leis vigentes daquela sociedade estabeleciam que a mulher, durante seu ciclo menstrual, fosse isolada. Contudo, Jesus não apenas permitiu que a mulher lhe tocasse, ele também disse diante de todos que aquele toque foi especial pois virtude saíra dele.

Outro comportamento de Jesus considerado escandaloso foi permitir que mulheres se sentassem na mesma mesa que ele. Isso era uma terrível violação das leis da sociedade. De igual modo, mulheres não podiam sair de casas sozinhas sem a presença de homens, o que lhes fariam ser consideradas como "mulheres de fácil acesso".[5]

O fato de Jesus ter dito a Marta para sair da cozinha e ouvir sua mensagem era visto como outra afronta às leis da sociedade onde era atribuído às mulheres trabalharem apenas em casa.[6]

Outro evento importante do comportamento de Jesus, enquanto ele estava em sua missão de estabelecer o Reino de Deus na terra, foi o fato de ele comparar o comportamento de uma mulher com o de um homem, quando perdoou a mulher adúltera (usando as palavras), *"Aquele que dentre vós está sem pecado seja o primeiro que atire pedra contra ela" (João 8: 7).*

---

[5] José Antonio Pagola, Jesús aproximación histórica. (Buenos Aires: Claretiana, 2010), 224.

[6] José Antonio Pagola, Jesús aproximación histórica. (Buenos Aires: Claretiana, 2010), 226.

Naquela sociedade, o adultério de uma mulher era o símbolo mais alto de desgraça para uma família, enquanto que os homens jamais eram acusados de tais condutas. [7]

Outro comportamento de Jesus que o colocou em uma posição contrária a sociedade de seu tempo foram os milagres. Pelo fato das pessoas com deficiências físicas ou mentais serem consideradas menos que escravos e crianças, elas eram vistas como indivíduos sem valor. Tinham que ser isoladas do resto da sociedade. Contudo, Jesus, em sua missão para estabelecer o Reino de Deus, compartilhou com todos. Ele tocou os doentes e os curou. Ele compartilhou com as viúvas, conversou com as crianças, etc. Tal comportamento, vindo de Jesus, fez com que as pessoas o vissem como alguém diferente e especial.

Eles jamais ouviram uma palavra pejorativa da boca de Jesus. Ele jamais falou a mulher quanto a estar sujeita ao sistema patriarcal; ele carregou crianças, devotou seu tempo àqueles considerados como os últimos.

Era quando Jesus vinha que os pobres ouviam a palavra de esperança. Os doentes e os que sofriam eram vistos com olhos de compaixão. As crianças encontraram alguém que as consideravam. Viúvas ouviram a voz que as defendiam quando Jesus disse a multidão: *"Em verdade vos digo que esta pobre viúva depositou mais do que todos os que depositaram na arca do tesouro" (Marcos 12:43).*

Muitas mulheres arriscaram suas vidas para seguir a Jesus nas estradas da Galileia, pois viram nele a alternativa de vida com

---

[7] José Antonio Pagola, Jesús aproximación histórica. (Buenos Aires: Claretiana, 2010), 228.

mais dignidade. Na chegada de Jesus, as boas novas já estavam associadas com as realizações de César, não com a mensagem de amar o próximo, compaixão e igualdade social que Jesus pregava.

Fiz este relato histórico da missão de nosso Mestre a fim de refrescar sua memória sobre a missão de Jesus na terra que é nossa missão hoje. Como seus seguidores, nossa atribuição é dar continuidade à obra que ele já iniciou há mais de dois mil anos.

Enfatizo que de nada valeriam nossas tentativas de fazermos bom uso do poder que o Reino de Deus nos concede, se nosso primeiro anseio não for o de imitar a pessoa de Jesus Cristo, *"aquele fascinante Galileu, nascido há mais de dois mil anos em uma humilde vila do império romano, e crucificado como um vilão fora de Jerusalem."*[8]

Qual seria o benefício de nossas palavras, para que servem as intercessões e maravilhas que se seguem se as pessoas não enxergarem em nós a mesma compaixão que Jesus demonstrou e mostrou àqueles que sofriam? Aquela compaixão e afeição pelos menos afortunados e em especial a mensagem de reconciliação e esperança que nosso mestre nos trouxe?

Acredito que à medida em que as pessoas são chamadas para servir neste belo ministério, temos a grande responsabilidade de continuar o legado de Jesus, compreendendo que o Reino de Deus é mais que o dinheiro, mais que a fama ou reconhecimento. É na verdade um estilo de vida baseado no amor pelos outros. É o Reino no qual nosso Mestre Jesus disse: os últimos serão os primeiros e em que, *"Bem-aventurados os pobres de espírito, pois deles é o Reino dos Céus ".*

---

[8] José Antonio Pagola, Jesús aproximación histórica. (Buenos Aires: Claretiana, 2010), 5.

"Bem-aventurados os que têm fome e sede de justiça, porque eles serão fartos" (Mateus 5:6).

Com relação àqueles que não conseguem se defender pois suas vozes não podem ser ouvidas ou não contam com uma sociedade elitista e classicista, a estes ele diz: *"Bem-aventurados os que choram, porque eles serão consolados" (Mateus 5:4).*

Assim como Jesus fomos chamados para seguir seu legado, todos os dias temos que confrontar os mesmos obstáculos com os quais ele se deparou, mas com a grande diferença de que não seremos mais crucificados ou derrotados, pois com a morte de Jesus na cruz, ele trouxe nossa vitória em cada área de nossas vidas, nos fazendo mais que vencedores.

"Mas em todas estas coisas somos mais do que vencedores, por aquele que nos amou" (Romanos 8:37).

E agora tudo que prevalece é confiar em suas promessas. Obedecer às ordenanças que ele estabeleceu para nosso bem-estar e continuar imitando-o, seu caráter, compaixão e amor por toda sua criação. Exercer esta autoridade que ele nos deu através de sua morte na cruz e cumprindo o grande ide de levar sua mensagem a todos os cantos deste planeta.

Você e eu escolhemos esta missão para este tempo em nossa história e geração. Cumpramos, pois, nosso propósito!

REFERÊNCIAS BIBLIOGRÁFICAS

PAGOLA, Jose Antonio. **Jesús aproximación histórica**. Buenos Aires: Claretiana, 2010.

Santa Biblia. Versión 60 Reina Valera. Nashville, Tennessee, USA: Holman Bible Publishers, 1990.

Translation by: Sergio Azevedo

Editing by: Ross Strong, 2016.

Contact Angela Strong at: www.stronginternationalministry.org